COLL

Alexandre Jardin

Le Petit Sauvage

Gallimard

ILLUSTRATIONS
DE FRANÇOIS PLACE

Alexandre Jardin est né le 14 avril 1965. Il a déjà publié quatre romans : *Bille en tête* (Prix du Premier Roman 1986), *Le Zèbre* (Prix Femina 1988), *Fanfan* et *Le Petit Sauvage*, celui qui marque une rupture dans son existence.

Après avoir achevé *Le Petit Sauvage*, il se résout à suivre les principes de son héros, tente de réinventer sa vie et décide de devenir metteur en scène. Il adapte *Fanfan* pour le cinéma et en assure lui-même la réalisation.

Son temps se partage désormais entre sa femme, son fils, la littérature et le cinéma ; et s'il devait renoncer à l'une de ses passions, ce ne serait certainement pas à sa femme !

Est-il romancier ou metteur en scène ? Sans oser prétendre être un écrivain, il rêve d'en devenir un, un jour.

A Hugo, mon sang neuf.

Moi, je veux tout, tout de suite — et que ce soit entier — ou alors je refuse ! Je ne veux pas être modeste, moi, et me contenter d'un petit morceau si j'ai été bien sage. Je veux être sûre de tout aujourd'hui et que cela soit aussi beau que quand j'étais petite — ou mourir.

JEAN ANOUILH *(Antigone).*

Un jour, je m'aperçus avec effroi que j'étais devenu une grande personne, un empaillé de trente-huit ans. Mon enfance avait cessé de chanter en moi. Plus rien ne me révoltait. La vie et l'enjouement qui étaient jadis dans mes veines s'étaient carapatés. Le Monsieur prévisible que j'étais désormais jouissait sans plaisir d'une situation déjà assise, ne copulait plus guère et portait sur le visage un air éteint. Je me prélassais sans honte dans la peau d'un mari domestiqué indigne du petit garçon folâtre, imprudent et rêveur que j'avais été, celui que tout le monde appelait *Le Petit Sauvage*.

Cette déconfiture m'apparut comme une évidence un dimanche matin. J'avais découvert mon premier cheveu blanc au lever et flânais devant les baraquements du Marché aux Oiseaux, à Paris, en songeant que les jeunes filles me regarderaient bientôt comme un vieux ; quand, soudain, une voix m'arrêta :

— Le Petit Sauvage, tu es un fou.

Personne dans la société de mes relations ne me connaissait sous ce nom, tombé en désuétude depuis long-temps. Même ma femme ignorait ce surnom, bien qu'elle prétendît avoir fouillé tous les replis de mon passé.

— Le Petit Sauvage, tu es un fou, répéta la voix.

Stupéfait, je reconnus le timbre de mon père, liquidé par un cancer dans ma quatorzième année. La formule était exactement celle qu'il murmurait autrefois lorsqu'il venait m'embrasser le soir dans mon lit. Une violente palpitation m'oppressa. J'opérai une volte-face et me trouvai tout à coup devant Lily.

A sa vue, le Petit Sauvage frissonna sous mon visage d'adulte. Il se passa entre moi et Lily, par le regard, un bref dialogue muet. Est-ce toi ? Elle siffla gaiement et lança à nouveau :

— Le Petit Sauvage, tu es un fou.

Je m'avançai.

— Faites attention, elle va vous mordre ! postillonna le marchand d'oiseaux.

Lily déploya ses ailes et, passant la tête à travers les barreaux de sa volière, me caressa le nez avec son bec. Une émotion brutale me saisit ; des larmes mouillèrent mes yeux. Gêné, je les essuyai prestement.

— Ah ben ça alors... fit l'oiseleur. Avec vous, elle parle.

Lily était un perroquet du Gabon, une femelle à robe grise que mon père m'avait rapportée d'Afrique pour l'anniversaire de mes dix ans. *Les perroquets vivent aussi longtemps que l'homme !* s'était-il exclamé en me l'offrant. Cet animal réputé fin causeur n'avait jamais su radoter qu'une seule phrase — *Le Petit Sauvage, tu es un fou* — en imitant à la perfection la voix de mon papa, ainsi que ses inflexions.

En un instant, je reconstituai ce qui avait dû se produire vingt-trois ans auparavant. Peu après qu'on eut livré aux vers la dépouille de mon père, ma mère avait

14

prétendu que Lily s'était enfuie à tire-d'aile par une fenêtre ouverte. Sans doute l'avait-elle vendue ou donnée, ne pouvant plus supporter d'entendre trente fois par jour les intonations fantômes d'un mari qu'elle avait toujours regardé comme un Amant.

— C'est incroyable, poursuivit le marchand, je la croyais muette.

— Le Petit Sauvage, tu es un fou.

J'avais le sentiment que mon père cherchait à me parler à travers Lily. Sa voix grave me restituait une part de sa présence.

— Je vous la fais à mille francs, continua le commerçant.

Immobile devant la cage de Lily, je pris alors conscience d'une vérité affreuse : le Petit Sauvage était mort ; voilà pourquoi personne ne m'appelait plus ainsi. J'eus soudain l'impression que mon père venait de m'apprendre le décès de son petit garçon ; mon sang se glaça.

— Allez, neuf cents francs...

Je n'étais plus le Petit Sauvage mais Monsieur Alexandre Eiffel, propriétaire et fondateur d'une entreprise de serrurerie : LES CLÉS EIFFEL. Mon ancêtre Gustave a laissé un souvenir de trois cent vingt mètres de haut qui encombre toujours la rive gauche de la Seine ; mais, contrairement à lui, je m'étais fâché avec mes rêves d'enfant.

Au fond, constatai-je navré, Alexandre Eiffel est aussi dissemblable du Petit Sauvage qu'il est possible de l'être. Je suis à présent quelqu'un de prévisible. Ma singularité primitive s'est dissoute. J'aime ce qu'il convient d'apprécier dans le petit monde qui est le mien, et fais la moue devant ce qu'il serait déplacé de goûter. Ce qui subsiste en moi de personnel me paraît presque incongru tant je me suis fait l'écho des poncifs disponibles dans mon entourage, le reflet de mon temps auquel je suis assorti comme mes pochettes à mes cravates. Je n'ai même plus de grands travers ! Mes petits défauts se sont gâtés. Autrefois je mentais gratuitement, pour embellir la vie ; désormais je maquille la vérité sans joie, par intérêt. En retranchant de mon tempérament l'amoralité pleine de gaieté du Petit Sauvage, l'essence de mon caractère s'est brouillée.

Où sont mes impatiences irrésistibles, ma férocité et mes désespoirs insondables ? Sentir avec acuité m'est désormais difficile, admis-je avec amertume. J'étais un cœur et ne suis plus qu'une tête froide. Je conçois les choses avec tempérance au lieu d'en avoir un sentiment vif. Au contact des sinistres en complet-veston que je fréquente, j'ai appris à régler mes émotions ; les hommes de bureau n'apprécient guère les expansions de l'âme. Alexandre Eiffel s'est insensibilisé pour supporter le cuisant réel des adultes. La sève s'est retirée de son corps qui, déjà, s'abandonne aux premières dérives de l'excès de poids. Ses besoins ne sont plus des envies mais une somme d'habitudes contractées au fil des ans. Il respire sans vivre.

Les ménagements dont Monsieur Eiffel use avec ses banquiers et les flagorneries qu'il saupoudre sur ses clients eussent fait rougir le Petit Sauvage. Tremper dans le monde des affaires m'a détérioré. Où est le temps où seule ma fantaisie me gouvernait vraiment ? Mon métier est désormais mon maître ; c'est lui qui veut ces grimaces sociales, ces capitulations de l'amour-propre, ces reptations ignobles.

Incapable d'être tout entier au moment présent, Alexandre Eiffel est toujours en avant de lui-même ou traînant dans ses souvenirs. Je ne sais plus être intime avec moi ni avec autrui ; ma société m'ennuie. Continuellement diverti par des passions artificielles de grandes personnes, je ne reçois plus d'injonctions de l'intérieur et ne me soumets plus qu'à mon agenda.

Plus Lily me regardait fixement plus j'étais gagné par la nostalgie de cette époque insouciante où le Petit Sauvage n'était qu'un désordre, où je m'endormais avec volupté pour être au lendemain plus vite. Certes, mon enfance ne fut pas une longue villégiature exempte de souffrances ; mais je la regardai soudain comme le seul âge où j'eus réellement vécu, la seule période où je fus aimé sans que cet amour fût conditionné. Je possédais alors un trésor plus précieux que tout : des appétits faramineux soutenus par une curiosité immodérée ; et j'avais le sentiment que mes désirs colossaux commandaient au réel.

Mes parents ne satisfaisaient pas tous les caprices du Petit Sauvage ; mais ma mère, mon père et Tout-Mama, ma grand-mère paternelle, m'écoutaient avec attention et m'entretenaient dans l'idée que j'étais le détenteur d'un pouvoir presque magique. A les entendre, aucune limite ne résisterait jamais à ma volonté.

Un jour que le Petit Sauvage avait informé Tout-Mama de son intention de marcher plus tard sur les traces de Charles de Gaulle, elle lui avait répondu avec naturel :

— Pourquoi voir si petit ? La France, c'est étriqué ! Médite plutôt sur le sort de ce bon Jules César. Ce n'est pas un mauvais exemple.

Je pensais donc que le monde se plierait tôt ou tard à mes vues, quelles qu'elles fussent ; et cette impression était ratifiée par les propos de tous les membres de ma famille qui s'employaient à me faire vivre dans un univers conforme, pour l'essentiel, à mes aspirations.

A la mort de mon père, je m'étais senti brutalement dépouillé de ma toute-puissance. J'avais eu beau me convaincre que son cancer reculerait devant mes prières, les métastases avaient saccagé son cerveau. Et quand ma mère mourut, dix-huit mois à peine après mon père, d'un incurable et magnifique chagrin — les médecins parlèrent d'une tumeur maligne, mais je sais quelle amoureuse elle fut —, je cessai totalement de croire au pouvoir de mes rêves. Mes parents n'étaient plus là pour accorder la vie à mes souhaits et ma violente envie de les revoir était restée sans effet. A quinze ans l'horrible réalité m'avait imposé sa loi ; mes désirs n'avaient plus la moindre vertu.

— Allez, je descends jusqu'à huit cents francs, reprit le marchand.

Dans l'œil de Lily, je vis la pupille de mon père. Il paraissait me demander comment j'avais pu épouser Elke, une Finlandaise qui, le soir, me tenait lieu de bouillotte et de somnifère. Sa beauté impressionnante était faite de traits aussi parfaits qu'inexpressifs et sa jugeote ne devait pas peser bien lourd. Nos dix années de mariage m'avaient fait oublier que l'amour se doit d'être céleste, une fulgurance qui vous anime et non l'addition de deux quotidiens atones. A trente ans, elle refusait toujours de se lancer dans la procréation, par crainte de flétrir ses jolis seins. Force m'était de reconnaître que la femme d'Alexandre Eiffel n'était pas

18

de celles qui eussent enfiévré le Petit Sauvage. Elke ne me plaisait qu'aux yeux, plus au cœur ; et cela désespérait soudain l'apôtre du mariage que j'étais devenu. Si je ne l'aimais plus, je vénérais toujours la fidélité ; ce mot renfermait la seule folie que je m'accordais.

— Bon... sept cents, dernier prix.

Ebranlé, je convins que le Petit Sauvage devait encore palpiter au fond de moi, même faiblement, puisque je trouvais la lucidité de m'infliger ces réflexions.

— Tu es un fou, tu es un fou... répétait Lily avec ironie, comme si elle avait perçu que je ne l'étais plus.

Le Petit Sauvage hurlait en moi qu'il entendait revivre. J'avais presque quarante ans ; ma mort se rapprochait. Un cheveu blanc était venu me le rappeler. J'étais las d'imposer silence à mon goût pour la liberté et de jouer l'adulte, ce mauvais rôle d'anesthésié. J'avais soif d'imprudences. Trop d'émotions se mêlaient dans mon esprit pour que j'infléchisse illico le cours de ma vie ; mais j'étais certain de vouloir en obtenir davantage. Alexandre était né pour être le Petit Sauvage et non Monsieur Eiffel. J'aspirais à réintégrer le présent, à retrouver des désirs tout-puissants, le respect de ma personne, des fringales inouïes et la douceur de cette époque où je n'avais pas encore arrêté ces choix qui aujourd'hui me ligotaient. Ah, être plusieurs fois soi-même, se réinventer, se rénover de façon éclatante !

Pourtant, Alexandre Eiffel avait su se ménager un sort que d'aucuns auraient pu croire plein de félicité. Son constant succès dans l'industrie de la clé l'avait poussé très jeune jusqu'aux sphères élevées du monde des affaires, parmi ces gens hâlés en hiver dont les plaisirs s'expriment en francs ou en devises. Hôtel était pour lui synonyme de palace. Il était assez prospère pour se faire des amis, et son statut de prince du verrou lui avait prêté cette assurance teintée de suffisance qui le rendait respectable aux yeux des cuistres. Quelques magazines friands de destinées propres à faire rêver avaient déjà publié des photographies de son minois d'ange spirituel et irritant qui ravissait les dames. Et puis, il était chéri par une épouse bien modelée qu'il payait en retour d'une affection qui ressemblait tant à de l'amour que je m'abusais parfois moi-même.

— Le Petit Sauvage, tu es un fou.

Je plaquai mon visage contre la volière. Il me sembla que c'était moi qui étais en cage. J'eus alors une vision, comme en songe : j'aperçus le Petit Sauvage qui se tenait derrière les barreaux. Il me jeta un regard noir et, tout à coup, me cracha à la figure.

— Six cents francs, vous m'en débarrassez ?

— C'est bon.

Je rachetai l'ami à plumes du Petit Sauvage, arrêtai un taxi et m'engouffrai dedans avec Lily qui voletait dans sa cage.

Comment avais-je pu me dénaturer ainsi, moi qui à huit ans étais résolu à ne jamais m'accorder avec *les grands* ? Même si le concert était possible avec certains d'entre eux, le Petit Sauvage ne voyait que de la disconvenance entre leur univers et le sien. Il s'était d'ailleurs promis de ne jamais s'enliser dans ce qu'il appelait avec mépris *l'adultie* — prononcez adulcie —, l'âge adulte.

— Le Petit Sauvage, tu es un fou.

Cette voix... Il me revint une marée d'images, en vrac.

Je me revis sous une autre pluie que celle qui mouillait les vitres du taxi, en Provence, pénétrant avec ma tante et Tout-Mama dans la petite église blanche où l'on célébrait la messe d'enterrement de ma mère. Un harmonium couinait quelques notes, un air mélancolique. Je ne pleurais pas. C'était mon premier jour d'homme. J'ignorais que cette messe aurait pu être dite aussi pour le Petit Sauvage qui était entré en agonie.

Puis je me remémorai cet après-midi où, peu de temps après la cérémonie, j'étais descendu dans le jardin de notre villa faire mes adieux à chacun des grands arbres qui avaient ombragé les jeux de mon enfance. Ma tante avait dû se résoudre à vendre la Mandragore, notre maison de famille construite par Gustave Eiffel en 1908, au bord de la Méditerranée. Elle avait décidé de m'élever chez elle, à Paris. Ses ressources ne lui permettaient pas de conserver cette bâtisse extravagante qui mangeait des sommes folles. Passant devant les mimosas en fleur, j'avais alors pris conscience de ce que mon nez, autrefois si subtil, ne sentait plus ; brusquement, à quinze ans, l'onde des parfums m'était devenue indéchiffrable. Dans la douleur tout mon être s'était éteint, mon odorat également, me privant ainsi du sens sur lequel je comptais pour répondre à ma vocation : devenir Nez.

— Ah ces bêtes-là, ça surprend toujours... fit le chauffeur.

— Oui, oui... répondis-je distraitement.

Mon adolescence et ma jeunesse se bousculèrent devant mes yeux pendant quelques secondes. Je me vis quitter le Midi pour m'exiler dans un Paris que je ne savais comment apprivoiser. A peine débarqué, ma tante m'avait livré à des Jésuites, rue Franklin, des tristes qui, aussitôt, me resserrèrent dans leurs maximes étroites et tentèrent d'éradiquer le peu d'enfance qui ne m'avait pas encore quitté. Sous leur férule, je dus renoncer à écrire de la main gauche et devins un gaucher fort contrarié qui ne sut bientôt plus rédiger que de la main droite. Puis je me souvins de mon air désemparé dans les amphithéâtres de Sciences Po, là où l'on fixa solidement un masque d'adulte sur mon visage. Tout conspira à faire de moi un autre, constatai-je avec horreur.

Si le Petit Sauvage périt quand mes parents disparurent, il fallut cependant de nombreuses années pour effacer toute trace de lui dans mon caractère. Ma mue s'opéra par degrés. Ce n'est qu'au sortir de mes études que je fus parfaitement ajusté à la vie de ces personnes qu'on dit grandes à tort. Seuls les moutards sont de grands hommes. Ils ne font pas de grandes choses mais leur regard rend les choses grandes. Mes maîtres jésuites croyaient exactement le contraire. Aussi s'étaient-ils employés avec ténacité à me domestiquer, à mettre un ordre lugubre dans mon esprit. Ils me firent troquer mes défauts contre des qualités acquises qui n'avaient pas le charme de mes travers d'antan. L'assoupissant pavot de l'enseignement endormit ma fantaisie. J'appris à imiter la pensée de gens morts. On allongea d'eau mon tempérament et cultiva chez moi tous les talents requis pour terminer dans la peau d'un contribuable ordinaire. Ainsi gauchi, et après qu'on eut presque totalement étouffé mon naturel par les besoins qu'on avait fait naître dans mon cœur et les aspirations artificielles qu'on y avait versées (Ah l'ambition ! Les vanités vénéneuses !), je devins un jeune homme contrefait prêt à fonctionner dans un simulacre d'existence, un mort vivant prévisible et instruit. Mon diplôme de Sciences Po l'attestait. A vingt ans il n'était plus nécessaire de borner mes désirs ; je n'en avais plus ! Quand on me priait de dire quelle profession j'espérais exercer, j'étais saisi d'angoisse. Je ne souhaitais plus rien alors que le Petit Sauvage, lui, était riche de mille rêves. Mon pif ne s'était pas réveillé et les destinées raisonnables qu'on me suggérait ne m'inspiraient que de l'indifférence. Après un détour dans quelques entreprises, je devins fabricant de serrures, aussi bien usinées que le cerveau de ce pauvre Alexandre Eiffel. On n'imagine pas combien d'enfants sont ainsi ratatinés dans les écoles, *pour leur bien*.

Peu à peu, Tout-Mama ne reconnut plus son idole dans le gaucher contrarié qui vendait des clés et des verrous. Le lecteur du *Monde* l'intéressait moins que celui des *Trois Mousquetaires*. Elle se lassa de ne plus apercevoir de sincérité dans mes propos. La passion folle qu'elle portait au Petit Sauvage s'attiédit. Je ne riais plus assez pour qu'elle me considérât avec sérieux ; Alexandre Eiffel s'était écarté de sa morale qui tenait en une maxime : *on ne se doit qu'à l'enfant qu'on a été*.

Le taxi filait au ras de la Seine quand j'entendis résonner dans ma mémoire les mots qu'elle avait prononcés un jour pour illustrer sa devise :

— Le 18 juin 1940, mon chéri, de Gaulle s'est montré digne de l'enfant qu'il a dû être. Et je peux te certifier que de l'autre côté du micro de la BBC, le fantôme du petit Charles applaudissait le grand Charles !

Je n'avais pas revu Tout-Mama depuis presque huit mois. A la vente de la Mandragore, elle avait dû quitter le rez-de-chaussée qu'elle occupait pour échouer dans une maison de vieux nécessiteux, près de Cannes. Retranchée dans la chambre individuelle qu'elle avait conquise de haute lutte, Tout-Mama tentait de maintenir un semblant de dignité en exigeant des infirmières une certaine déférence et en n'économisant ni les invectives ni les volées de coups de canne. Sa maigrelette pension de veuve ne lui permettait pas d'envisager un autre établissement. Quand je songeais à sa chambre aux dimensions d'une boîte d'allumettes et que je regardais mon profond salon, des relents de mauvaise conscience me picotaient. Le Petit Sauvage, lui, ne l'aurait pas laissée s'étioler dans un asile peuplé de silhouettes courbées. Il l'aurait appelée les soirs d'hiver pour s'assurer qu'elle avait bien chaud, se serait inquiété de savoir si elle avait pu se procurer les catalogues d'armes anciennes dont elle raffolait.

— Voilà on y est au 12, marmonna le chauffeur en arrêtant sa voiture devant chez ma tante.

— Mais... ce n'est pas chez moi. Je vous avais dit 5 avenue Charles-Floquet.

— Ah non Monsieur, vous m'avez dit 12 rue Mesnil.

— Mais...

— Ecoutez, c'est pas moi qu'a inventé c't adresse. Je vous emmène avenue Charles-Floquet ?

— Heu... non, ça ira comme ça. Je vous dois combien ?

— Ah ben vous êtes simple, vous...

Je réglai la course et sortis du taxi avec la cage. Mes retrouvailles avec Lily m'avaient jeté dans un tel trouble que j'avais donné par erreur ma première adresse à Paris, celle de ma tante. Elle vivait encore là avec Paul, un homme que j'aimais de savoir si bien l'aimer. Mon lapsus dans le taxi m'intriguait. J'avais le sentiment que le Petit Sauvage m'avait soufflé cette adresse afin de me conduire là où il s'était éteint. Pour y découvrir quoi ? Cette journée prenait un tour étrange.

En pénétrant au 12 de la rue Mesnil avec Lily, j'eus l'impression de franchir cette porte en retranchant de mon âge vingt-quatre années. La glace du grand hall me renvoyait une image que j'avais souvent aperçue dans les miroirs de mon enfance : moi portant la cage de Lily, de la main gauche. Je dévisageai le continuateur du Petit Sauvage. Tout en lui signalait les habitudes d'une vie élégante. Il n'avait pas oublié dans sa mise l'idée convenue qu'il se faisait de lui-même et portait sur sa mine un air grave de Monsieur. Cette figure, qui me sembla être celle d'un autre, était pourtant mon visage.

— Ah tu tombes bien ! lança Paul en surgissant de la cave avec deux tabourets. Tu peux me donner un coup de main ? Il faut remonter toutes les chaises. On a du monde à déjeuner. Tu restes avec nous ?

— Heu... Oui.

— Qu'est-ce que c'est que ce volatile ?

— Un perroquet du Gabon. Je viens de l'acheter...

Je descendis dans la cave de l'immeuble, un long boyau mal éclairé. Ce lieu voûté, rempli d'ombres, m'avait toujours inspiré une épouvante que, même adolescent, je ne parvenais à maîtriser qu'en sifflotant l'air favori de Lily.

— Siffle, siffle, dis-je à mon oiseau.

A ma grande surprise, elle exécuta son air d'autrefois

qui me ragaillardit. Je m'avançai, ouvris la porte de la cave de ma tante et attrapai deux chaises ; quand une grosse boîte attira mon attention. Le coffre à jouets du Petit Sauvage m'attendait, près d'un vieux parasol. J'avais emporté cette caisse lorsque j'avais quitté la Mandragore et n'y avais plus repensé depuis.

— Le Petit Sauvage, tu es un fou.

Je posai les chaises contre un mur, époussetai le coffre d'un revers de la main et l'ouvris doucement. Avec les yeux du Petit Sauvage, je découvris alors mes sept *Action Man*, ces poupées-soldats qui livrèrent pour moi des batailles héroïques dans le jardin de la Mandragore. Ils étaient allongés côte à côte, endormis, prêts à répondre aux injonctions d'un enfant.

Tout à coup, je m'aperçus avec émotion que mes *Action Man* n'avaient pu être équipés que par le Petit Sauvage ! C'était lui qui les avait vêtus, lui qui avait rempli leurs petits sacs à dos. Je reconnaissais sa manière de les préparer pour l'aventure : un poignard minuscule glissé dans la botte droite, une grenade miniature dans chaque poche...

Le Petit Sauvage s'était donc disposé à jouer. Il avait laissé son escouade de conscrits dans son coffre, puis sans doute était-il allé goûter ; et il n'était pas revenu donner vie à ses soldats. Depuis ce jour, je ne m'étais plus diverti qu'avec des jeux dont les règles ont été édictées par d'autres que moi. Il y avait donc une dernière fois, un moment fatal où l'on refermait son coffre à jouets. Mais quand était-ce ? Que s'était-il passé ?

Je pris l'un de mes guerriers, posai un revolver dans sa main droite et, m'efforçant de retrouver la gravité que je mettais naguère dans mes amusements, tirai quelques coups de feu imaginaires. Dieu que j'étais ridicule. D'où vient que les enfants, eux, sont rarement puérils ? J'avais totalement désappris à jouer et me sentais incapable de pénétrer avec sérieux dans un univers de fiction qui fût le mien.

Amer, Alexandre Eiffel allait refermer le coffre pour toujours quand je remarquai une enveloppe glissée sous les *Action Man*. Elle était frappée d'un sigle que je reconnus tout de suite :

Ce symbole — une île et des palmiers — était le signe de ralliement de la Société des Crusoé, un cercle clandestin qui avait rassemblé jadis cinq élèves du Collège Mistral, un pensionnat installé dans un petit château qui s'élève au bord de la Méditerranée. Nous avions tous treize ans. Un rêve commun nous unissait.

Follement intrigué, je saisis l'enveloppe, la décachetai et en sortis une feuille sur laquelle le Petit Sauvage avait écrit de sa main gauche :

DOCUMENT SECRET
RENDEZ-VOUS EN L'AN 2000, MÊME JOUR,
MÊME HEURE, MÊME LIEU.

Sous cette phrase, tous les Crusoé sauf un avaient signé en plongeant leur plume dans leur sang. Sept jours me séparaient de la date fixée.

A Nice, je louai une voiture à ma descente d'avion. J'avais rendez-vous avec mon enfance. Ma rencontre avec la voix de mon père, mon lapsus dans le taxi, la découverte du document secret une semaine avant la réunion de la Société des Crusoé, toutes ces coïncidences piquaient trop mon imagination pour que je ne fisse pas le voyage. Il me plaisait de croire que ces signes du destin étaient des petits cailloux blancs disséminés le long d'un chemin sur lequel le Petit Sauvage désirait m'entraîner ; et je sentais confusément que je DEVAIS y aller. Mes dernières hésitations s'étaient dissipées le matin même lorsque j'avais découvert dans ma chevelure plusieurs cheveux blancs. Ce second coup de semonce m'avait talonné. Il était temps de rompre avec mon quotidien réglé. Je voulais VIVRE avant qu'on ne m'allonge sous une dalle de marbre dans le cimetière où reposaient déjà mes parents.

En m'installant au volant, à côté de Lily qui sifflotait dans sa cage, je ne me reconnaissais plus. Etait-ce bien Monsieur Eiffel qui venait de traverser la France pour se rendre à un rendez-vous pris à l'âge de treize ans ? Qui se souvenait encore de notre serment ? Ce périple était suffisamment absurde pour m'exalter. J'en avais assez d'être le raisonnable patron des CLÉS EIFFEL.

Ma femme ignorait le véritable objet de mon déplacement. Je lui avais menti, instinctivement, de peur qu'elle ne se moquât de moi. Elke avait le talent et le goût du sarcasme qui met le cœur à mal.

La Société des Crusoé avait réuni autrefois cinq lascars bien décidés à revivre l'aventure de Robinson Crusoé, dans une île de la Méditerranée presque sauvage et assez méconnue : l'île du Pommier.

Ce caillou tenait son nom d'un très vieux pommier accroché à son sol qui résistait au climat et aux vents du large depuis toujours, au milieu d'une végétation édénique. L'îlot était inhabité depuis 1886, indiquait un ouvrage de géographie que nous avions trouvé dans la bibliothèque du collège ; cette année-là, le phare dont les vestiges s'élèvent encore à la pointe nord fut désaffecté. Il y avait donc une citerne conçue pour recueillir les eaux de pluie, afin que les gardiens du siècle dernier pussent boire de l'eau douce. Ce petit territoire français était préservé du tourisme par un statut de parc naturel. Nous l'avions aperçu un jour, par hasard, de la fenêtre de notre dortoir, en scrutant l'horizon à la longue-vue. Le Collège Mistral dominait une baie profonde orientée plein sud.

Il n'était venu à l'esprit d'aucun des Crusoé qu'il pût être déplacé de marcher à cinq sur les traces du grand solitaire. Nous avions longuement ourdi notre escapade qui promettait d'être fabuleuse. Notre *vaisseau*, une vieille barque renflouée, nous paraissait de taille à affronter la mer. Les vivres nécessaires à cette équipée avaient été subtilisés dans les réserves de la cantine et stockés à bord avec les outils que nous avions pu soutirer au jardinier du collège. Mais à la dernière minute, un Crusoé félon avait vendu ses frères de rêve à Monsieur Arther, le surveillant général.

Je ne puis révéler l'identité du traître. La délation est indigne d'un membre de la Société des Crusoé. Mais je peux dire ici que ce fripon est devenu un homme politique de premier plan ; sa fourberie est donc ancienne. Pourquoi M. a-t-il agi ainsi ? Je l'ignore encore.

Le Petit Sauvage et ses trois fidèles comparses avaient été traduits devant le conseil de discipline, gourmandés avec véhémence et expulsés. M. avait sauvé sa tête. Avant de nous séparer, nous nous étions rassemblés une dernière fois à quatre. Dans notre repaire secret, nous avions juré de nous réunir en l'an 2000. Plus personne ne pourrait alors entraver la réalisation de notre dessein. Ensuite nous avions tous signé le document, en trempant une même plume dans notre sang.

En route vers le Collège Mistral, je voulus faire un détour par la Mandragore. Elle se trouvait à une vingtaine de kilomètres de la pension. J'étais en avance et ne l'avais pas revue depuis vingt-cinq ans. A chaque fois que j'en avais eu l'occasion, Alexandre Eiffel s'était dérobé, comme s'il avait craint que cette maison lui fît sentir trop nettement la distance qui le séparait du Petit Sauvage ; et puis j'avais toujours redouté de rencontrer le souvenir de mes parents. Mais à présent que Lily avait commencé à me sortir de ma torpeur, je souhaitais ce choc, et qu'il fût assez violent pour m'éveiller tout à fait.

Je m'engageai sur la petite route qui menait vers l'époque où ma mère et mon père vivaient encore, vers ce temps où la mort n'existait pas. Autour de moi la

Provence offrait l'image de la quiétude. L'été s'essayait, sans conviction. Plus loin, sur ma droite, s'étalait de la rocaille à vipères, dégarnie d'arbres ; à gauche, les traces d'un incendie de forêt avaient presque été avalées par une végétation neuve. La nature se ressaisissait sur la colline.

Au bout d'une allée de vieux platanes à troncs pelés, à branches diffuses et au feuillage touffu, la Mandragore m'apparut, encore debout, bien raide dans son corset de poutrelles métalliques, tout imprégnée de nostalgie. Dieu qu'elle était minuscule au regard du souvenir que j'en avais conservé ! Le cœur du Petit Sauvage se mit à battre dans ma poitrine. J'éprouvai un malaise auquel se mêlait un bonheur sourd qui, très vite, prit le dessus.

Mais en avançant j'eus le sentiment d'une trahison : notre maison de famille avait été dévoyée, transformée en hôtel. Là où il était écrit naguère « LA MANDRA-GORE », à l'entrée, on pouvait lire à la place : « VILLA EIFFEL*****. »

Je m'arrêtai devant le portail qu'avait fait forger mon grand-père et sortis de la voiture. Le prix d'une nuit chez nous était affiché sous le panonceau bleu de l'Office du Tourisme. Pour neuf cents francs, on pouvait forniquer dans la chambre de ma grand-mère ou se prélasser dans celle où mes parents s'étaient aimés, m'avaient peut-être conçu. J'eus du mal à avaler ma salive, à supporter l'idée qu'on prostituât ma Mandra-gore.

Les clients ventrus qui bronzaient dans ce qui fut notre jardin avaient donc le droit de se goberger dans la salle à manger de ma mère, de laver leurs chairs abon-dantes dans ma baignoire et de déféquer dans nos chiottes. Il suffisait de payer. On acceptait les cartes de crédit ; c'était indiqué. J'eus envie d'évacuer séance tenante cette horde d'intrus sans-gêne, d'expulser ces marmots hilares qui se vautraient sur ma pelouse.

Derrière les grilles qui défendaient l'accès au parc, j'eus la sensation d'être enfermé à l'extérieur. Ma véritable patrie se trouvait de l'autre côté, dans ce jardin de mon enfance qui était peut-être le seul coin sur cette terre dont je me sentais vraiment propriétaire.

Révolté, j'allais repartir quand un désir brutal me traversa, une envie irrépressible de gamin. Je voulais franchir cette grille, m'échapper de l'adultie et fouler le plancher de la chambre du Petit Sauvage.

Je me présentai à la réception, dans notre hall, le visage allumé de colère.

— Il y a quelqu'un ? tonnai-je en tapant sur le comptoir.

Personne ne répondit.

Je m'avançai dans le salon qui me sembla avoir rétréci, oppressé par l'horrible sensation d'être un étranger chez soi. La pièce était encombrée de meubles que n'eût pas choisi Tout-Mama. Des tableaux peints par des intellectuels gâteux souillaient les murs. Les cendriers en porcelaine joufflue étaient pleins. Jamais Tout-Mama n'aurait toléré qu'on pétunât ainsi dans son petit salon. Je ne voyais que les fauteuils qui manquaient, les poignées de porte qui avaient été changées, l'épaisse moquette neuve qui avait le défaut de masquer le parquet sur lequel le Petit Sauvage faisait des glissades.

Ecœuré, je me mis à genoux et m'apprêtai à soulever un coin de moquette pour m'assurer que le parquet n'avait pas été arraché lorsqu'on m'interpella :

— Qu'est-ce que vous faites ? Je peux vous aider ?

— Je suis chez moi, répondis-je en me relevant.

— Pardon ? fit la propriétaire, une rombière zozotante.

— Je m'appelle Alexandre Eiffel. Mon père est mort dans la pièce qui est juste au-dessus, il y a vingt-cinq ans. Je voudrais revoir ma chambre d'enfant, la troisième à gauche au second étage. Je peux y aller ? demandai-je sèchement.

— Oui... balbutia-t-elle étonnée. Il n'y a personne. C'est la huit.

Je gravis les marches de l'escalier quatre à quatre, talonné par la zozoteuse courte sur pattes qui s'essoufflait. Son visage boursouflé indiquait qu'elle s'interrogeait avec inquiétude sur l'objet de ma visite. Je m'arrêtai sur le seuil de la chambre du Petit Sauvage.

— Laissez-moi seul, je vous prie.

J'entrai et refermai la porte derrière moi.

La décoration criait que je ne me trouvais pas chez le Petit Sauvage ; cependant la plongée qu'on avait de ma fenêtre sur le parc et la mer était presque intacte. Si les massifs étaient composés d'autres fleurs, le tracé général du jardin avait été respecté. Les arbres plantés par Gustave n'avaient pas été coupés ou malmenés. A quelques centaines de mètres, les vagues de mon enfance léchaient la plage, celle de mes châteaux de sable, celle au-dessus de laquelle mes cerfs-volants avaient plané.

Je fermai les yeux et respirai en m'efforçant de capter une odeur ancienne, un parfum qui m'eût restitué le temps où mon père riait encore, où ma mère me câlinait. Ah, si un effluve avait pu me rendre à moi-même en

annulant ces années qui me séparaient du Petit Sauvage !
Mais le nez d'Alexandre Eiffel demeura sourd, aveugle.
Je devinais autour de mes narines ces senteurs qui sont
les empreintes digitales d'une maison, sans parvenir à les
flairer. Mon infirmité me séparait de ces particules
d'autrefois qui flottaient certainement dans l'air.

Il devait pourtant exister autour de moi une trace de
mon passé qui me fût accessible ! Mes mains frôlaient les
objets lorsque, tout à coup, elles s'arrêtèrent sous le
linteau de la cheminée. Je me penchai et découvris les
décalcomanies de Mickey que j'avais collées là trente ans
auparavant, en douce. Le Petit Sauvage avait tatoué sa
chambre à sa façon.

— Qu'est-ce que tu fais ? me demanda ma mère.
Sa voix résonnait dans mon souvenir.

— Rien... répondis-je confus.
Elle m'avait surpris en train d'exécuter mon petit
forfait.

— Rien, répétai-je, puisque tu aurais pu ne pas
me voir.

— C'est vrai, fit-elle en me prenant dans ses bras
pour me mettre au lit.

J'ai huit ans et suis vêtu d'un pyjama rouge en éponge.
Elle se penche sur moi, effleure mon front de ses lèvres
et borde mes draps. Gestes simples pour un bonheur
éphémère qui me frôle à nouveau. Je frissonne, elle va
sortir de la chambre, comment la retenir ? Maman, reste
là, encore un peu, rien qu'un peu. Tu as toute l'éternité
pour retrouver ta mort. Ne me quitte pas.

Des cris qui provenaient du jardin me tirèrent brusquement de mon rêve éveillé. Je jetai un œil par la
fenêtre. D'autres fils jouaient sur la pelouse. Dans le

miroir fixé au-dessus de la cheminée, j'aperçus un homme de trente-huit ans qui en paraissait dix de plus. Au lieu d'un pyjama en éponge, il portait un costume gris et un gilet sombre.

Quand je ressortis, la patronne reçut la porte dans le front. Elle recula, érubescente.

— Ce n'est pas beau de regarder par les trous de serrure.

— Qu'est-ce que vous cherchiez ?

— Moi.

J'enjambai la rampe de l'escalier et descendis jusqu'au rez-de-chaussée en me laissant glisser sur le derrière, sous l'œil effaré de la propriétaire.

— Je vais faire un tour dans le jardin ! lançai-je avec désinvolture, comme si je me trouvais chez nous.

Aux prises avec un couple de clients volubiles et vindicatifs, elle renonça à me poursuivre. Je filai dans le parc, avec l'espoir de percevoir d'autres échos de mes premières années.

En entrant dans ce jardin où j'avais vécu si fort, mon souffle devint court. Alexandre Eiffel se retrouva soudain dans toute sa vérité, pendant quelques instants, dans un accord sans faille avec lui-même. La glace qui s'était formée en lui se mit à fondre alors qu'il déambulait parmi les cyprès, les cèdres et les mimosas. Il demanda à l'air, au vent du large, aux arbres, à ce je-ne-sais-quoi de persistant qui constitue l'âme d'un lieu de lui parler, et tout me répondait. Je recouvrai cette légèreté intérieure, cette allégresse d'exister qui saisissait le Petit Sauvage au lever. J'eus même l'impression d'avoir à nouveau des parents.

— Bonjour le séquoia, je suis de retour, m'entendis-je murmurer.

Sans réfléchir, dans un état second, je saluai les grands arbres auxquels le Petit Sauvage avait fait ses adieux un quart de siècle auparavant.

— Je suis de retour...

La féerie de ces instants se dissipa quand je pris conscience que je n'étais plus capable de *pirater*. Ce verbe, détourné de son sens originel par le Petit Sauvage, signifiait dans sa bouche polissonner en catimini, commettre quelques méfaits, tourmenter un animal avec un bâton pointu, bref mener dans le jardin une existence poétique, aventureuse et vaguement coupable. Le Petit Sauvage, lui, savait crapuler ainsi en se donnant de l'occupation ; tandis qu'Alexandre Eiffel restait les bras ballants, prisonnier de sa gaucherie.

J'aurais tant voulu courir les collines et la grève ou m'escarmoucher avec le fils du voisin, Gonzague Mortebize dit Hercule, mon ennemi de toujours aux allures de jambon. Mon corps de presque quadragénaire était comme paralysé et Hercule devait être devenu une grande personne cravatée qui me vouvoierait, un électeur peu enclin à batailler contre moi avec un lance-pierres. Ma nostalgie des friponneries et des divertissements du Petit Sauvage jeta un dégoût encore plus vif sur tout ce qui tenait à ma vie d'adulte.

Au son des cigales, des souvenirs s'élevèrent. En imagination, je vis Marcel, le chien du Petit Sauvage, qui courait vers moi en jappant. Ce fox-terrier teigneux possédait un museau aussi long et disgracieux que son maigre corps. Cet appendice monstrueux le déséquilibrait quand il trottait ; mais j'aimais sa laideur intéressante et son tempérament de canaille infréquentable. Marcel ne connaissait que deux attitudes face à un autre clebs : s'il rencontrait une femelle, il était subitement animé par une rage copulatoire irrépressible ; et quand son interlocuteur était un mâle, il tentait de l'occire au plus vite. Un jour, après une longue carrière de tueur de chihuahuas et de teckels, il croisa un bâtard coriace qu'il n'aurait pas dû sous-estimer. Ses funérailles eurent lieu au fond du jardin, en présence du Petit Sauvage et de Tout-Mama. Le rituel en latin fut solennel et grandiose.

Mais je ne parvenais pas à localiser sa sépulture. De toute évidence, les propriétaires de l'hôtel avaient retiré la pierre tombale. Un coup de bêche et trois coups de râteau avaient suffi pour liquider Marcel une seconde fois. J'eus l'impression que des barbares avaient profané mon enfance.

Près des dunes, je retrouvai le pin parasol dans lequel le Petit Sauvage faisait souvent faction pour épier notre voisine, la belle Madame de Tonnerre par qui j'eus très tôt la révélation de la passion.

Le Petit Sauvage entrait dans sa neuvième année quand il l'avait aperçue pour la première fois, du haut de son arbre. Elle était d'un air si piquant et d'une vivacité si touchante que j'avais éprouvé illico pour elle une vive inclination. Etait-ce l'harmonie innée de son corps ? Ou son extrême sensualité mal bridée par une éducation protestante ? Cette femme de trente-trois ans agaçait prodigieusement mon jeune appétit. Ce n'était pas l'élément sexuel qui se manifestait dans mon agitation ; c'en était le pressentiment. Cependant, bien que j'eusse huit ans, je la voyais déjà d'un regard d'homme. Son mari venait d'acheter la propriété qui jouxtait le parc de la

Mandragore. Elle promenait son vieux chien dans son nouveau jardin. J'avais alors su que cette femme me serait toujours un tourment.

Peu à peu, Fanny de Tonnerre m'avait pris dans une affection singulière. Elle était l'une des rares grandes personnes — en dehors de ma famille — qui ne négligeaient pas le Petit Sauvage. Avec ardeur, je faisais sur son cœur l'essai de ma séduction. La faveur que j'avais acquise auprès d'elle m'autorisait à l'accompagner de temps à autre dans ses promenades en bateau. Fanny aimait la plongée sous-marine en apnée. Les jours où le soleil nous invitait, nous allions à bord de son bateau bleu explorer des calanques dont les eaux limpides nous engageaient à nous baigner. Ses cheveux abondants éblouissaient le Petit Sauvage. Lorsque nous nagions ensemble, frôler sa chair allumait mes sens ; et tout en moi s'embrasait quand j'ouvrais les yeux dans l'eau pour reluquer tout ce que je pouvais voir de son anatomie sans qu'elle le remarquât : ses jambes, et quelles gambettes ! une taille droite ! des hanches creusées ! un cul si rond ! Ces miettes de plaisir me semblaient un festin alors qu'aujourd'hui que j'ai le loisir de me faufiler entre les cuisses des dames, l'acte charnel ne me procure pas le même affolement. A l'époque, apercevoir furtivement la naissance d'un sein de Madame de Tonnerre suffisait à jeter le Petit Sauvage dans la confusion.

Un jour, à treize ans, je bus la tasse alors que nous nous baignions dans une petite crique. Fanny me récupéra et me serra contre son corps tiède pour me ramener jusqu'au bateau. Mes yeux se troublèrent, ma poitrine s'oppressa, je m'abandonnai à cette volupté marine qui me hante et vers laquelle mes rêves érotiques me portent toujours.

Mais ce qui arriva ensuite décida plus encore de mes inclinations sensuelles. Je ne sais comment évoquer la révélation que fut cette divine surprise. Les *passages* essentiels de la vie amoureuse sont des événements trop intimes pour que leur simple relation puisse traduire leur portée. User d'un vocabulaire religieux ne serait pas déplacé, tant mon âme fut affectée.

Fanny me ramenait donc vers son bateau bleu. Le contact de nos deux peaux attisait mes désirs. A dire vrai, j'étais physiquement fort ému. Mais, naturellement, je n'osais rien entreprendre au-delà de la décence. Je nourrissais pour Madame de Tonnerre un respect sans bornes.

Troublée de me sentir dans cet état, et commençant à saisir que notre amitié prenait un tour fâcheux, Fanny partageait mon embarras. Muette, elle ne faisait rien pour exciter ma hardiesse. Sans doute était-elle ligotée par une honte égale à la mienne ; mais je la devinais nerveuse, tracassée.

Nous montâmes dans le bateau. Le relief de mon maillot de bain ne permettait plus d'ignorer le malaise délicieux qui flottait entre nous. Mes efforts pour dissimuler ou diminuer mon érection étaient vains. J'étais alors dans une émotion où se mêlaient une gêne infinie et de la griserie car Madame de Tonnerre paraissait dans une disposition qui ne m'était pas contraire. Elle me lança même un regard qui me sembla tendre. Je n'osais cependant croire à ma bonne fortune et allai présenter de maladroites excuses quand l'inimaginable se produisit.

Selon toute apparence, Fanny céda involontairement au penchant brutal qui l'entraîna. Bousculant sa honte, elle m'embrassa avec une infinie douceur et, dans la foulée, se livra aux dernières privautés buccales sur ma personne. Quelle PIPE ! Rien de ce que j'ai pu éprouver par la suite dans la possession d'autres femmes n'égala jamais le vertige que je connus ce jour-là. Fanny me fit découvrir un plaisir à n'être effacé par rien : ressentir ma virilité naissante. Le souvenir de cette illumination me bouleverse encore quand je songe à cette matinée ensoleillée de mes treize ans. Fanny appartenait à ces femmes qui savent faire don aux hommes de leur virilité. C'est un talent, et peut-être une grâce. Qu'elle m'eût sucé n'était pas la véritable raison du formidable émoi qui m'avait soulevé de terre, quoiqu'elle eût montré beaucoup d'adresse et d'imagination. L'important était qu'elle eût manifesté avec ferveur son goût immodéré pour ce qu'il y avait de masculin en moi ; par là même, elle me mit en chemin d'accepter ma part de féminité. Une créature quelconque ne m'eût que fait jouir entre ses lèvres.

Merci Fanny... merveilleuse Fanny.

Mais il n'y eut pas récidive.

Tout sperme bu, Fanny redevint Madame de Tonnerre. Ce retour à elle-même s'accompagna d'une brusque prise de conscience qui l'effraya. Elle aperçut toute la folie de son acte et, paniquée, plongea dans la mer pour gagner la rive. Puis elle rentra seule à pied, en longeant la côte.

Les jours suivants, Madame de Tonnerre avait pris soin de m'éviter. Quand nous nous croisions, elle était plus réservée qu'à l'ordinaire et fuyait mes regards. Comme amnésique, elle ne proféra jamais un mot qui pût sentir la faiblesse qu'elle avait eue pour moi. Nous ne retournâmes jamais dans les calanques.

Mais Fanny avait fixé mes goûts amoureux, à son insu. Quand une fille dénoue sa chevelure, mon corps ne s'émeut vraiment que si elle met dans son geste un peu de la grâce qui était celle de Fanny. Lorsque j'embrasse une bouche, ce sont toujours ses lèvres que je cherche. Ses traits sont à mes yeux ceux de la véritable beauté. Je demeure sous l'obsession de son image.

Avant que nos relations ne se refroidissent, le Petit Sauvage avait vécu avec elle quatre années d'une passion quasi parfaite. Nous échappions à ces sortes de liens ou d'obligations implicites qui étouffent tant d'idylles. Mon amour ne me réclamait que ce qu'elle m'accordait : passer en sa compagnie des heures charmantes où elle me disait par ses attitudes la tendresse qu'elle me portait. Je la dévorais d'un œil ardent et ne souffrais pas qu'elle témoignât de l'intérêt à un autre que moi, ne fût-ce qu'un instant ; mais mes reins ne me tourmentaient pas. En ce temps-là, je n'étais pas encore l'otage de mon sexe.

Sur son bateau bleu, bien avant l'épisode de la pipe, j'avais éprouvé pour la première fois un sentiment d'intimité avec une femme qui n'était ni ma mère ni ma grand-mère. Nous nous rendions disponibles au moindre événement : la rencontre avec une mouette qui se posait sur le pont, la découverte d'un coquillage particulier... J'avais l'impression que nos activités communes avaient pour but véritable d'être bien ensemble, sans que jamais nous ne l'ayons déclaré ouvertement. Evoquer notre accord mystérieux eût été rompre le charme.

Quand la mer agitée interdisait nos navigations dans les criques, nous passions le samedi après-midi à fureter dans le laboratoire des Parfums Tonnerre ; son mari possédait cette maison prestigieuse fondée au siècle dernier. Le nouveau laboratoire avait été édifié non loin de la villa de Fanny. Parmi les milliers de bouteilles qui encombraient les salles blanches, le Petit Sauvage était fasciné par celles qui contenaient ce qu'il appelait *les fausses odeurs*. Les Parfums Tonnerre étaient pionniers dans la fabrication de senteurs qui n'étaient pas à proprement parler des parfums, mais plutôt des illusions olfactives, des trompe-nez comme il existe des trompe-l'œil. Dans les burettes de la maison Tonnerre, on élaborait des odeurs de croissants chauds destinées à faire saliver les clients des boulangeries industrielles, des effluves qui donnaient un sentiment de propreté ou l'impression qu'une voiture d'occasion était presque neuve. Guidé par Fanny, le Petit Sauvage errait de flacons en fioles, faisait la revue des essences, comparait leur éclat, relevait leurs rapports et marquait leurs différences. Son odorat s'affinait, gagnait en assurance. Parfois, elle le laissait bricoler un parfum à l'aide d'une pipette et d'un flacon mélangeur.

C'est ainsi que je parvins à composer à douze ans, sans méthode, une fragrance qui était l'exacte senteur de l'enfance. La respirer ranimait le gosse qui est en soi. Cette idée olfactive fulgurante m'était venue alors que j'essayais de restituer la présence du Petit Sauvage, non son odeur corporelle mais le bouquet de son âme. Ce parfum était aussi frais qu'un éclat de rire de bébé. Son élan initial avivait les désirs ; les touches de cœur surprenantes disposaient à des comportements imprévisibles et celles de fond, plus graves, faisaient goûter l'instant présent. Sa flore était discrète et, par moments, aussi virulente qu'un coup de colère de gosse. Etrangement, ce liquide doré se dissolvait en s'amalgamant aux acides de ma peau de petit garçon. Il ne laissait pas de sillage mais une trace légère, impalpable, grisante. Quand ses molécules volatiles s'étaient finalement dissipées, on avait le sentiment d'être rempli de sang neuf. Hélas, le parfum du Petit Sauvage ne vibra qu'une seule fois en se libérant dans l'air. J'avais brisé la bouteille dans un geste maladroit et ne réussis jamais à retrouver la formule. Son véritable flacon demeure ma mémoire.

Dans l'esprit du Petit Sauvage, il était clair qu'il deviendrait plus tard le Nez des Parfums Tonnerre et qu'il épouserait Fanny. Douter de cette destinée ne lui traversait pas l'esprit ; elle était évidente puisqu'il la souhaitait.

Les week-ends où Fanny n'était pas disponible, le Petit Sauvage s'installait en haut du pin que je venais de retrouver et scrutait pendant des heures le parc contigu au nôtre avec l'espoir d'apercevoir sa silhouette. Il s'abandonnait alors en d'exquises paresses, se voyait déjà au bras de Fanny vêtue de blanc, à la sortie d'une église. Leur différence d'âge et qu'elle fût déjà mariée lui paraissait négligeable.

Alexandre Eiffel s'assura que personne ne pouvait le surprendre et escalada l'arbre, avec difficulté. Son corps alourdi avait désappris les mouvements souples qui lui permettaient naguère de grimper à toute vitesse ; et mon costume ne facilitait pas mon ascension.

Ainsi posté, je jetai un coup d'œil sur le jardin des Tonnerre qui descendait par paliers vers la plage. Leur demeure, construite par un Anglais au début du siècle, s'appelait d'ailleurs La Villa des Terrasses. Je pliai soigneusement ma veste, la plaçai sous mon estomac (le

Petit Sauvage mettait un oreiller) et m'allongeai sur le ventre. Le balancement de la branche prise dans la brise me plongea bientôt dans une douce rêverie. Comme hypnotisé, je laissai les fibres de mon être se desserrer et, pour la première fois depuis plus de vingt ans, Alexandre Eiffel s'abandonna. Le vent tiède le caressait aussi doucement que la main de ma mère, l'arbre le berçait et le ressac paisible de la mer l'apaisait. Si mon odorat avait pu identifier les senteurs qui m'environnaient, vingt-cinq années de dégringolade se seraient effacées.

Je fermai les yeux et revis le Petit Sauvage dans la même posture, guettant une éventuelle apparition de Madame de Tonnerre. Parfois, elle descendait dans son jardin. J'avais alors le sentiment que mon désir de la contempler l'avait fait surgir.

Baigné dans la vivante atmosphère de mon enfance, je fus saisi par une violente envie de la revoir, telle qu'en la beauté folle de ses trente-sept ans. Une voix retentit au loin. J'ouvris les yeux et, comme dans un songe, aperçus Madame de Tonnerre qui sortait de chez elle. A son aspect, je fus pénétré de confusion, et d'effarement. Elle dévala le perron de sa villa, se dirigea vers moi en jouant avec un sac de plage. Mes désirs venaient de recouvrer leur toute-puissance !

Caché dans mon pin parasol, je l'observai. Son visage était intact, identique à celui qui flottait dans mes souvenirs. Sa chevelure avait toujours des airs d'incendie qu'aucun peigne ne pouvait maîtriser. Je ressentis alors ce que le Petit Sauvage avait éprouvé mille fois devant elle : ma gorge s'assécha. Fanny de Tonnerre me donnait soif.

Mais, soudain, j'eus l'impression d'être victime d'un mirage. Etais-je en train de rêver ? Il n'était pas naturel que Fanny eût quitté ses trente-sept ans pour entrer dans la soixantaine sans que son teint fût altéré. Elle semblait même avoir rajeuni. Son éclat aurait dû s'amoindrir.

Une voix vieillie me tira de ma perplexité :

— Manon ! Manon !

Elle se retourna ; la voix poursuivit :

— Bertrand a appelé. Il passera te prendre vers six heures.

Ce n'était donc pas Fanny de Tonnerre mais sa fille, la petite Manon qui était devenue femme. La voix que j'avais entendue était celle de sa mère.

— Je serai de retour vers cinq heures et demie ! cria Manon.

Elle possédait le même type de timbre que celui de Fanny, une voix presque cassée de viveuse qui contrastait avec sa physionomie empreinte de pureté. Tout comme le visage de sa mère, le sien promettait de l'esprit. Je restai ébahi par la ressemblance stupéfiante que la Manon de trente-deux ans offrait avec la Fanny que j'avais connue. Elle avait sa tournure, ses traits et son maintien de protestante. Le destin me présentait celle par qui je retrouvais une Fanny de Tonnerre oubliée par le temps.

Avec prudence, je m'avançai sur l'arbre pour apercevoir, au loin, la véritable Madame de Tonnerre. Elle se tenait sur la terrasse de sa villa, allongée dans un transat. Mon idole n'avait pas échappé aux atteintes de l'âge. Son physique ne s'était pas trop déglingué mais ses cheveux étaient désormais poivre et sel.

Manon lui avait volé jusqu'à son allure. Drapée dans un paréo qui épousait ses formes, elle disparut derrière un bosquet de bambous. Ma gorge se transforma en désert ; j'eus soif comme jamais depuis la vente de la Mandragore.

Tout à coup, la branche qui me portait se brisa.

Je fis une chute brutale de plus de trois mètres de haut. Je n'avais pas pensé que Monsieur Eiffel pesait quelques kilos de plus que le Petit Sauvage...

— Qu'est-ce que vous faisiez dans cet arbre ? me demanda froidement la propriétaire de l'hôtel qui venait de surgir.

— Je regardais en douce une femme qui me fascine depuis l'âge de huit ans, répondis-je sonné. Pardonnez ma franchise, mais j'en ai assez de ne pas dire la vérité. Au revoir, Madame.

Stupéfaite, elle demeura muette.

Là-dessus je retournai à la voiture auprès de Lily, saisi par cette agitation intime que cause un bonheur soudain. Il existait une nouvelle Madame de Tonnerre ! Elle avait voyagé à travers le temps ! Sa beauté s'était perpétuée ! Je n'étais pas moins heureux qu'un aveugle à qui l'on aurait subitement rendu la vue.

J'avais rendez-vous avec les Crusoé.

En m'installant au volant, je fus assailli de doutes. Pourquoi me rendais-je à ce rendez-vous ? Il était évident que les autres Crusoé l'avaient oublié ; et quand bien même, par miracle, l'un d'entre eux y aurait songé, il se serait très certainement dit qu'il était le seul à en avoir conservé le souvenir. Me déplacer m'exposait à une déception prévisible. Ne valait-il pas mieux conserver l'espérance que, peut-être, un Crusoé avait été fidèle à son serment de petit garçon ?

Puis je jugeai qu'il était vain de marcher ainsi sur les traces du Petit Sauvage. Il était aussi mort que mon père et ma mère ; et la Mandragore était aux mains d'une mégère. Tisonner les cendres du passé m'apportait certes des satisfactions vives ; mais ces éblouissements étaient gâtés par une insoutenable mélancolie.

Je craignais soudain que cette randonnée en enfance me fît apercevoir trop nettement que la vie d'Alexandre Eiffel ne convenait pas du tout à ma véritable nature. Qu'adviendrait-il de moi si mon quotidien me devenait intolérable ? Ma découverte d'une Madame de Tonnerre intacte en la personne de Manon m'avait déjà plongé dans l'embarras en détruisant le peu d'inclination qui me restait pour Elke. Entrevoir Manon de Tonnerre avait suscité dans mon cœur plus d'ivresse que mes mornes séances érotiques avec Elke. Si je ne quittais pas dare-dare le Midi, l'existence de Monsieur Eiffel risquait fort de voler en éclats ; et ce séisme que je sentais approcher m'inquiétait.

Ainsi parlait Alexandre Eiffel.

Mais le Petit Sauvage s'insurgea.

Il ne redoutait pas l'aventure, lui. Tu ne vas tout de même pas achever tes jours dans la peau de Monsieur Eiffel ! me criait-il.

Je convins alors que ne pas aller au rendez-vous des Crusoé revenait à compter pour rien la parole du Petit Sauvage, parce qu'il était un enfant. Je n'avais pas le droit de le mépriser une fois encore. Alexandre Eiffel ne l'avait que trop trahi. Une force obscure me poussait également à me rendre à cette réunion secrète.

Je démarrai la voiture et pris la direction du Collège Mistral. Le sang me battait les tempes. Pour la première fois depuis des années, j'étais fier de moi ; et mon orgueil se mêlait à un sentiment de délivrance. Le Petit Sauvage était en train de m'affranchir de la rationalité adulte.

Dans sa cage, Lily voletait avec gaieté, sifflait, répétait l'unique phrase qu'elle savait par cœur. Sa joie me semblait être celle de mon père.

Et puis, me dis-je en m'engageant sur une route bordée d'oliviers, peut-être qu'un Crusoé viendra au rendez-vous. Depuis deux jours, le destin s'était montré si surprenant que j'étais disposé à tout envisager ; et je sentais confusément que mes désirs recouvraient un peu d'influence sur la réalité. Benjamin, dit Tintin, s'était sans doute souvenu de notre serment. Tintin était un enfant de parole. Mais dans quel personnage d'adulte s'était-il coulé ? J'avais peur de tomber sur un détérioré dans lequel je ne retrouverais rien de son air de libellule toujours en mouvement, de son impertinence et de sa pétulance triomphante. Le petit garçon était un grand trouveur d'épithètes amusantes, un être si virevoltant. Philippe et Pierre, les jumeaux, devaient présenter désormais des physiques différents. Philippe, dit Philo, avait-il perdu en chemin sa témérité qui lui valait l'admiration de notre dortoir ? Pierre était-il toujours aussi tenu par sa timidité ?

Je garai la voiture en bordure du parc du collège, près de la plage. La pension avait été aménagée dans un petit château bâti sous le second Empire, de la demeure d'apparat conçue dans un esprit gothique. Ce rêve bourgeois dominait une baie. Sur la pelouse râpée qui s'efforçait de pousser devant la façade, j'aperçus des enfants qui s'essoufflaient derrière un ballon. Plus loin, dans la pinède, d'autres pensionnaires construisaient une cabane. Quelques solitaires se promenaient en rêvassant. Je les observai tous, transporté par la nostalgie attachée à ce lieu. S'il avait été en mon pouvoir de me replacer un instant dans ce tableau, de me ressentir comme j'avais été dans ce collège, j'aurais été le plus heureux des adultes.

Une sonnette retentit, un tintement strident que je n'avais pas entendu depuis vingt-cinq ans. Un vieux monsieur au teint rouge brique apparut sur le perron, appuyé sur une canne.

— Nom d'une pipe ! Aux douches ! lança-t-il.

C'était Monsieur Arther, le directeur, qui venait de proférer sa formule rituelle du soir. Puis je l'entendis morigéner quelques élèves. Sa voix portait davantage qu'autrefois. Il semblait souffrir à présent d'une légère surdité.

— Merlot, rien ne sert de courir, il faut partir à point ! Quant à vous, Santi, calmez-vous sinon je vous emporte et vous mangerai sans autre forme de procès !

Monsieur Arther s'exprimait toujours en empruntant des vers aux fables de La Fontaine. En toutes circonstances, cet original inflexible trouvait chez son auteur favori une formule appropriée. Ses vitupérations nous glaçaient souvent d'effroi mais nous raffolions de ses bizarreries. Fervent admirateur de Robespierre, il coiffait sa bonne d'un bonnet phrygien le 14 juillet et tenait à ce que le calendrier révolutionnaire fût en vigueur dans l'enceinte de son établissement. En haut de nos copies, on pouvait donc lire des dates aussi farfelues que le 5 Frimaire ou le 18 Vendémiaire de l'an Cent Quatre-Vingt-Trois.

Les élèves refluèrent vers la grande porte et disparurent dans le château. Le parc était vide. Je le traversai en catimini et gagnai la rivière qui coule derrière les communs.

On accédait au repaire des Crusoé en plongeant dans cette rivière pour ressortir, après quelques brasses sous l'eau, dans une grotte souterraine où régnait une certaine clarté. Une étroite cheminée naturelle traversait la voûte et laissait passer de l'air frais ainsi qu'un peu de lumière. Tintin avait découvert par hasard le siphon qui mène à cette caverne, un jour où notre professeur de gymnastique nous avait fait nager dans ce petit cours d'eau. Tintin avait perdu sa médaille de première communion en exécutant trop vivement des mouvements natatoires. Il avait sauté d'un rocher pour tenter de la récupérer et, par mégarde, était remonté dans la grotte. Nous avions tous blêmi en ne voyant pas revenir Tintin. Notre professeur avait plongé pour essayer de le ramener à la surface. Tintin était reparu tout seul quelques minutes plus tard en disant simplement : *je peux tenir longtemps sous l'eau* ; ce qui lui avait valu une popularité considérable dans tout le collège. Le soir même, il avait révélé sa découverte aux Crusoé. *La grotte* était devenue notre lieu de réunion. Nous conservions là tous les documents confidentiels de la Société Secrète — procès-verbaux, cartes de membres, liste du matériel nécessaire pour survivre dans l'île, etc... — que nous introduisions dans la caverne en les faisant passer par l'orifice qui traversait le plafond de granit.

Le long de la rivière, je cherchai l'endroit d'où nous nous élancions pour rejoindre *la grotte*. Quand je l'eus à peu près repéré, je dénouai ma cravate, retirai ma veste, ôtai mon gilet, ma chemise et mes boutons de manchettes, mon pantalon de flanelle grise ainsi que mes chaussures anglaises et mes chaussettes de fil ; puis je dissimulai les effets d'Alexandre Eiffel derrière un arbre. Je me trouvais en caleçon, tel le Petit Sauvage, sans carte de crédit ni agenda, débarrassé de ma panoplie d'adulte.

L'eau était tiède. Je piquai une tête, fis quelques brasses en ouvrant les yeux et, soudain, me heurtai le front. Je remontai à la surface pour respirer. Mais où était donc cette caverne ? Je fis une nouvelle tentative, aussi vaine que la première. *La grotte* existait-elle toujours ? Avait-elle été murée ? Le corps mouillé, debout sur la berge, j'eus alors l'idée de la chercher non avec mes yeux mais en m'immergeant dans ma mémoire. Le passage était en moi. Je fermai mes paupières, retins ma respiration, plongeai dans la rivière, au fond de mes souvenirs et, comme guidé par mon regard intérieur, ressortis en enfance, dans *la grotte*.

La luminosité était douce. Aucun Crusoé ne m'attendait. J'étais donc le premier, ou le seul à m'être déplacé. J'eus alors l'impression que les parois s'étaient resserrées sur moi ; puis je m'avisai que j'avais probablement grandi depuis mes treize ans...

En un quart de siècle, la caverne n'avait été visitée par personne. Le mobilier de fortune que nous avions construit avec de grosses pierres plates n'avait pas été détruit ou déplacé et les archives de la Société se trouvaient toujours sur la grande table de grès. M., le Crusoé félon, n'avait donc pas dévoilé à Monsieur Arther le secret de *la grotte*. Sans doute avait-il craint des représailles barbares. Un engagement terrible liait tous les membres de la Société : *si je révèle l'emplacement de la grotte, j'aurai une couille coupée. Si je le révèle à une fille, j'aurai les deux couilles coupées et elles seront jetées aux chèvres par les autres Crusoé*, avions-nous répété l'un après l'autre en levant la main droite, un soir de Vendémiaire, à la lueur d'une bougie. Se confier à une fille nous paraissait le comble du déshonneur ; *et puis une fille, ça jacasse*, avait ajouté Tintin. Par chance, les élèves du collège n'avaient pas redécouvert la caverne.

J'eus envie de feuilleter séance tenante le cahier dans lequel le Petit Sauvage dressait à chaque réunion un procès-verbal détaillé ; mais je me retins. Tintin et les jumeaux étaient peut-être en retard. Je jugeai plus délicat de les attendre.

Une heure plus tard, je me trouvais toujours seul. Il était désormais clair que les Crusoé ne viendraient pas. J'ouvris le cahier et commençai à en tourner les pages qui étaient comme cartonnées. Etrangement, l'air de la grotte était très sec. La craie des murs devait boire l'humidité.

Je reconnus tout de suite la belle écriture du Petit Sauvage, celle qu'il traçait de sa main gauche. Elle dansait autour des lignes, comme s'il lui plaisait de se moquer de ces rails. A vrai dire, les procès-verbaux de la Société des Crusoé n'étaient guère passionnants. Des listes d'outils à emporter dans l'île succédaient à des recommandations de bricolage, de cuisine... Il y avait là une sorte de mode d'emploi très précis pour répéter l'aventure du grand Robinson.

Mais sur l'une des dernières pages manuscrites, je lus une mention qui retint mon attention : À LIRE EN L'AN 208 (L'AN 2000), LE JOUR OÙ LES CRUSOÉ SE RÉUNIRONT.

Je ne puis restituer le texte qui suivait avec exactitude. Le cahier a hélas disparu et je ne saurais reconstituer cette longue apostrophe sans perdre le caractère de vérité qu'elle possédait. Cependant, j'ai gardé un souvenir précis des idées avancées par le Petit Sauvage. Son cri était celui d'un enfant qui, à treize ans, se sentait partir pour l'adultie ; et cette perspective l'inquiétait vivement.

Dès la première ligne, le Petit Sauvage suppliait l'homme qu'il serait un jour de demeurer *radioactif*. Le sens qu'il prêtait à ce mot est resté niché dans un coin de ma mémoire. Dans son esprit, la *radioactivité* était une qualité dont étaient rarement pourvues les grandes personnes, et encore moins les adolescents. Etaient *radio-*

actifs à ses yeux tous les êtres dotés d'une grande capacité d'émerveillement et de révolte, tous les risque-tout qui ont l'énergie de contredire leurs habitudes. N'entraient pas dans cette catégorie les pisse-froid timorés, les éteints et la foule des blasés.

Le Petit Sauvage me mettait également en garde contre une attitude qui, à l'entendre, gâtait le sort de presque tous les adultes : *ils se croient obligés*. Il s'étonnait sincèrement du nombre inouï d'obligations fictives que *les grands* s'imposent ; comme si les contraintes réelles de la vie ne suffisaient pas ! Mille questions se bousculaient dans son texte. Pourquoi la plupart des couples conçoivent-ils l'existence à deux comme un forfait de devoirs implicites qui, à coup sûr, ratatinent la passion ? Il ne saisissait pas la raison mystérieuse pour laquelle quasiment tous les époux se croient obligés de dormir chaque soir ensemble, de dire à l'autre à quoi ils ont employé leur journée, de justifier leurs absences... N'est-il pas permis d'aimer à la carte, sans créer ces liens invisibles qui, à la longue, font de l'amour une geôle ? se demandait-il avec une maturité qui me surprit. Qui a dit qu'il ne fallait fêter Noël qu'une fois par an et que seuls les samedis soir étaient faits pour danser ? Qui nous interdit de dire la vérité à notre entourage ? Pourquoi se refuser de jouer tous les rôles qui nous tentent ? *Parce qu'on se croit obligé*, s'indignait le Petit Sauvage ; obligé d'être cohérent, de ne pas blesser, d'aller au bout de nos choix, d'être une bonne éleveuse d'enfants, un salarié raisonnable, un citoyen honorable, un père de famille prudent, et bien élevé avec ça... *Et puis*, ajoutait-il, *par trouille. Toi, plus tard, tu n'obéiras pas à tes peurs*. Je me souviens également de cette phrase qui me frappa : *les* grands n'ont pas l'air de se rendre compte qu'ils sont libres. Ils n'ont plus d'adultes sur leur dos et ils n'en profitent même pas ! Toi, tu en profiteras ! Il m'engageait à ne pas me manipuler moi-même, ainsi que toutes ces grandes personnes qui se piègent en persévérant dans leurs erreurs pour ne pas les reconnaître. *Ne sois pas comme ces types qui deviennent médecin uniquement parce qu'ils ont suivi des années d'études de médecine*, me lançait-il en faisant allusion à l'une de mes cousines.

Je n'avais pas rendez-vous avec les Crusoé mais avec le Petit Sauvage.

Quel CHOC ! J'étais saisi de tremblements convulsifs.

Cette lettre subversive qu'il adressait à l'homme que j'étais mettait en lumière toute ma déchéance. Alexandre Eiffel se *croyait obligé* de se soumettre à tant d'impératifs bidons et vivait si loin de ses inclinations véritables, dans un mensonge constant qu'il se faisait à lui-même. Toutes les menteries étaient bonnes pour ne pas admettre qu'il n'aimait plus Elke que par orgueil et que ses efforts pour assurer la prospérité de son entreprise n'avaient guère de sens. L'argent qu'il récoltait était encaissé par un homme qui ne possédait pas assez d'envies pour le flamber. Monsieur Eiffel n'était plus du tout *radioactif*. Confit dans son ironie, il jugeait puéril de s'émerveiller et avait oublié ce que le mot indignation tente de dire.

A presque quarante ans, je ne pouvais plus continuer cette absurde comédie. Il était temps de me convertir à l'enfance avant que ma vitalité ne me lâche tout à fait. J'étais parvenu à cet âge qui n'est pas encore le soir mais d'où on l'aperçoit avec plus de netteté, tant il semble proche.

Alors, dans cette grotte, je résolus de réveiller le Petit Sauvage. J'entendais me reconquérir, m'élancer bille en tête vers le petit garçon IMPRÉVISIBLE que j'avais été, renouer avec les joies de L'IMPRUDENCE et recouvrer toute ma SINGULARITÉ originelle. Adieu les tristes usages, les muselières morales et les mille précautions qui réduisent à l'état d'anesthésié ! Bonjour mes instincts, mes élans, mes rêves d'antan ! Je souhaitais me dépouiller de mes travers acquis et ranimer ceux qui m'étaient naturels ; mais, par-dessus tout, je voulais revoir en moi des DÉSIRS suffisamment intenses pour soumettre la réalité.

J'espérais que cette métamorphose serait si complète qu'aucun de ceux qui m'avaient connu adulte ne pussent me crier dans la rue *Monsieur Eiffel !* et me faire retourner.

Aucun verbe ne résumait avec justesse mon dessein. *Infantiliser* et *régresser* sont péjoratifs et manquent de santé ; alors que je trouvais légitime et pleine de sève ma volonté de me remanier. Je détournai donc le sens d'un mot, ainsi que le faisait le Petit Sauvage. Le verbe *s'enfanter* me convenait ; mais il excluait dans ma bouche toute référence à la soi-disant candeur des gamins. Par *m'enfanter* j'entendais plutôt raviver ma lucidité et ma férocité de jadis ; car il n'y eut peut-être jamais de petit garçon moins innocent que moi. D'ailleurs *enfance* et *innocence* ne sont-ils pas deux antonymes ? Mais si les enfants mentent, ils ne trichent pas ; et s'ils rusent, ils ne calculent point comme les grandes personnes scélérates.

Je n'avais pas la nostalgie de mes dix-sept ans mais celle de mes sept ans.

L'adolescence, avec son cortège de nausées, est peut-être l'âge le plus éloigné de l'enfance, me dis-je en me souvenant du jeune homme désenchanté et contrefait que j'avais été, celui que ses copains appelaient Alex. Cette époque ne m'inspirait que du dégoût. Alex ne valait guère mieux que Monsieur Eiffel.

L'esprit en effervescence, je refermai le cahier des Crusoé, le posai sur la table et plongeai dans l'eau pour rejoindre la rive. Je me sentais déjà moins infidèle au Petit Sauvage, en accord avec l'héritage moral des Eiffel. Depuis Gustave, notre lignée avait toujours été constituée d'hommes et de femmes qui avaient su préserver leur *radioactivité*.

Je dois reconnaître que je n'aurais peut-être jamais pris la décision de sortir le Petit Sauvage de sa torpeur si je n'avais aperçu quelques heures auparavant une Madame de Tonnerre épargnée par le temps. Cette apparition avait suscité dans mon cœur un regain de passion qui me procurait toute l'énergie que réclamait mon programme.

Je me trouvais cependant déchiré. Je tendais certes à pleines ailes vers le Petit Sauvage ; mais dans le même temps je redoutais de dérégler mon existence. On ne défroisse pas aisément les plis de son quotidien. L'écheveau d'habitudes dans lequel je me trouvais engoncé me tenait lieu de colonne vertébrale. Il me fallait pourtant prendre une tout autre vie, abandonner Monsieur Eiffel à Paris, fuir les ennuyeux de son entourage dont les attentes m'incitaient à me conformer à l'idée qu'ils se faisaient de moi. Quitter l'adultie pour m'enfanter ne me semblait concevable qu'en me plaçant hors du cercle des réalités adultes.

Dans ma lâcheté, je finis par convenir d'une solution bâtarde : j'entamerais une nouvelle existence dans le Midi tout en conservant mes arrières à Paris. Monsieur Louis, mon bras droit, veillerait en mon absence sur LES CLÉS EIFFEL. Le mot probité faisait pléonasme avec sa personne et je savais pouvoir me reposer sur sa compétence. Plutôt que de saborder mon mariage, je ferais croire à Elke que mon voyage d'affaires se prolongerait. Ce médiocre mensonge me permettait de ne pas arrêter de décision à son sujet ; cela m'arrangeait car j'aimais encore la folie que représentait à mes yeux une union qui se soutient jusqu'à la mort. Me voir douter de mon mariage m'affligeait.

Ma position prudente eût sans doute paru misérable au Petit Sauvage ; mais mon audace s'éveillait à peine. Je ne pouvais faire montre de plus de courage.

Dans un premier temps, je souhaitais racheter la Mandragore, cette fabuleuse machine à suspendre le temps, afin de m'inventer derrière ses grilles un présent qui, à force de ressembler à l'enfance, me permettrait de recommencer ces années où j'avais été si proche de moi. Qu'elle appartînt à une rombière me semblait un détail. A l'instar du Petit Sauvage, je me sentais capable de l'impossible pour satisfaire mes DÉSIRS.

Il pouvait paraître absurde d'essayer de répéter le petit garçon que j'avais été ; mais je ne voyais pas d'autre chemin pour tenter de retrouver la vision du Petit Sauvage, cet état chamanique et poétique dans lequel j'avais baigné jusqu'à la mort de mon père. J'étais prêt à tout pour respirer à nouveau l'air de cette époque où j'avais encore des parents, où ma mère m'aimait d'un amour que je croyais éternel.

Au bord de la rivière, la nuit tombait. Les fenêtres du collège étaient éclairées. Au réfectoire, les successeurs des Crusoé devaient dîner sous la surveillance de Monsieur Arther. Je me rhabillai, sortis mon briquet et brûlai ma cravate ainsi que mon agenda ; puis je jetai ma montre dans le cours d'eau. Le Petit Sauvage vivait dans l'instant et conjuguait son existence au présent perpétuel.

J'allumai ensuite une cigarette, en ressentant le plaisir que le Petit Sauvage éprouvait quand il en grillait une à l'abri du regard des adultes. L'aventure démarrait.

J'entrai d'un bon pas dans le hall de La Mandragore. La propriétaire pétunait derrière la réception, juchée sur un tabouret. Elle marinait dans sa sueur en exhibant les varices qui couraient le long de ses jambes molles.

— Qu'est-ce que vous voulez encore ? zozota-t-elle.

— Racheter votre hôtel.

— Pardon ?

— Je vous en offre dix millions, annonçai-je sans mégoter, à condition que vous débarrassiez le plancher avec vos clients d'ici trois jours.

Naturellement, je ne possédais pas le vingtième de cette somme ; mais je pensais pouvoir l'emprunter auprès d'une banque avec la caution de mon entreprise. Monsieur Louis me tancerait très certainement ; cette initiative mettrait en péril l'équilibre financier des CLÉS EIFFEL. A vrai dire, il me plaisait d'être imprudent. Je ne pouvais m'empêcher de penser que le Petit Sauvage, lui, n'aurait pas rechigné à prendre une décision aussi hardie.

Le premier mouvement de la propriétaire fut de m'expulser sans ménagements. J'insistai. Elle s'aperçut avec stupéfaction que je ne plaisantais pas. La discussion s'engagea. Six heures de vociférations plus tard, nous signâmes un compromis de vente, en pleine nuit. Je n'ose révéler le montant de cette transaction. J'étais prêt à TOUT pour racheter mon enfance. Désormais la réalité devait se conformer à mes souhaits, ne cessais-je de me répéter.

Dix jours après cet accès de folie, j'arrachai le grand panneau « VILLA EIFFEL***** » qui défigurait l'entrée du parc et fixai à la place une modeste plaque sur laquelle il était écrit : « LA MANDRAGORE ». Les débris du clan Eiffel pouvaient rappliquer. J'avais effacé vingt-trois ans de déshonneur. Notre famille avait retrouvé son corps.

Je m'armai de pinceaux et, en quelques jours de fiévreuse activité, redonnai au rez-de-chaussée un air d'autrefois. Le plancher à glissades réapparut ; je brûlai avec frénésie la moquette luxueuse. Lily ne cessait de lancer *le Petit Sauvage tu es un fou !* Cette voix d'outre-tombe qui résonnait dans notre maison vide me donnait parfois l'impression que mon père se trouvait dans la pièce d'à côté.

Je voulais grimer la Mandragore, lui rendre ses couleurs d'antan, avant d'y faire revenir celle qui avait été la magicienne de ce lieu, l'âme des Eiffel, la détentrice de notre singularité : ma grand-mère. Sans la présence de Tout-Mama, le Petit Sauvage ne pourrait renaître. Elle seule saurait comprendre la sagesse de mon entreprise, m'entourer de ses soins maternels et me dire quel petit garçon j'avais été. Au fond, j'ignorais qui était vraiment le Petit Sauvage.

J'avertis par téléphone la femme d'Alexandre Eiffel :

mon voyage va durer plus longtemps que prévu. Je ne sais pas quand je reviendrai. Je m'étais fixé pour règle de ne plus rien prévoir. Le Petit Sauvage se contentait du présent. Elke exigea des explications. Je demeurai fuyant, allusif :

— Qu'est-ce qu'il y a ? Tu as l'air bizarre. Dis-moi que tu m'aimes, murmura-t-elle avec inquiétude dans l'appareil.

— Je hais le type que tu as épousé.

— J'ai l'impression de parler à quelqu'un d'autre que toi.

— Pour une fois, c'est pourtant bien moi qui te parle ! Allez, au revoir.

Je raccrochai sans lui laisser mon adresse. Un sentiment de soulagement se mêlait à une sourde culpabilité. J'avais conscience d'être cruel — et j'en souffrais — mais dans le même temps je n'étais pas mécontent de l'être. Le Petit Sauvage ne craignait pas de blesser ou de mortifier son entourage. Il ne savait que caresser ou griffer.

Je n'osais pas prévenir ma tante que la Mandragore était à nouveau la propriété des Eiffel. Je ne savais comment lui faire sentir que ce repli en enfance était ma manière d'avancer. Il me fallut cependant joindre Monsieur Louis, lui annoncer que j'avais surendetté LES CLÉS EIFFEL et l'informer que je lui déléguais tous mes pouvoirs. Il protesta vivement, essaya de *me ramener à la raison* et me rappela un si grand nombre de fois pour m'admonester que je finis par couper la ligne téléphonique avec une paire de ciseaux. Cette initiative me combla d'aise. Le monde des adultes ne pouvait plus m'atteindre. Je renouai avec la quiétude du Petit Sauvage qu'aucun coup de téléphone ne dérangeait dans ses amusements.

Mais il n'est pas aisé de vaincre ses habitudes. Je ne m'étais jamais vraiment reposé, ne fût-ce qu'une semaine. Aussi étais-je saisi de temps à autre par l'envie de faire rétablir la ligne pour expédier quelque affaire soi-disant importante. Les urgences factices de la vie adulte... J'eus cependant assez de volonté pour ne pas céder aux injonctions de Monsieur Eiffel qui, par instants, trépignait en moi.

A quelques kilomètres de la Mandragore, je retrouvai l'élevage de fox-terriers où mon père avait acheté Marcel. Dans une cage exiguë, un clebs borgne et disgracieux aboyait. Le marchand usa de toute sa rhétorique commerciale pour tenter de m'en refiler un autre ; mais la laideur de ce fox était comparable à celle du chien du Petit Sauvage. Je rachetai donc un Marcel. Par la voix de Lily, mon père approuva cette acquisition :

— Le Petit Sauvage, tu es un fou.

Parfois, en exécutant mes travaux de peinture, j'étais transpercé par des doutes affreux. Mon dessein n'était-il pas voué à un échec inexorable ? N'étais-je pas en train de m'enfoncer dans une douce démence ? Le chien que je nommais Marcel n'était pas Marcel, Lily n'était que le fantôme de mon père et tous les miroirs de la Mandragore — ceux qui étaient encastrés dans les boiseries — me rappelaient que je n'étais plus un petit garçon. Mais ces éclairs de lucidité fortifiaient ma résolution. Je puisais dans ma révolte contre l'usure du temps une folle énergie. Savoir qu'une Madame de Tonnerre intacte vivait au bout du jardin confortait encore ma détermination. Dans mon exaltation, je peignis en blanc tous les miroirs de la maison ; en quelques coups de pinceau, je leur retirai ainsi le droit de me faire croire que j'avais trente-huit ans.

Chaque jour, je retournais m'allonger dans l'arbre du Petit Sauvage avec un oreiller que je plaçais sous mon ventre. Mademoiselle de Tonnerre ne se montrait pas. J'appréhendais cette apparition autant que je l'espérais. Recréer avec elle l'intimité particulière que j'avais tissée avec sa mère ne me semblait guère possible ; mais je souhaitais confusément établir entre nous un commerce charmant et ambigu qui y ressemblât. Nous nous étions connus enfants. Manon avait six ans de moins que moi. Le Petit Sauvage l'avait presque toujours négligée. Qui était-elle devenue ? Je craignais par-dessus tout que, sous son apparence délicieuse, Manon ne fût à présent une gourde sans attrait véritable. Retrouver le corps de mon idole gouverné par un esprit creux me serait pénible.

Il me fallait la rencontrer.

Un matin que je rêvassais dans le parc avec Marcel, j'aperçus Manon qui se prélassait au soleil sur la plage. Ma gorge devint aride. Mon organisme réagissait comme si les yeux du Petit Sauvage s'étaient arrêtés sur Madame de Tonnerre.

Prisonnier de ma réserve, je ne savais comment l'aborder. En ce moment, j'enviai le naturel avec lequel les enfants vont simplement les uns vers les autres en suivant leur inclination. Comme la plupart des adultes, j'avais oublié le secret de cette aisance. Entrer en relation était pour Alexandre Eiffel un acte délicat qui obéissait à une étiquette. Il ne se voyait pas adresser la parole à une presque inconnue sans avoir été introduit par une tierce personne. Demander son chemin dans la rue à une femme était admis par la jurisprudence des usages ; mais lui parler sans le secours d'un prétexte m'eût paru inconvenant et, par là, difficile à accomplir sans éprouver une certaine gêne.

Cependant, j'entendais me dégager de ces entraves artificielles. Le Petit Sauvage, lui, avait l'art de rencontrer les gens en recourant à des procédés qu'il imaginait dans l'instant. Je décidai donc de me faire confiance en me laissant agir spontanément.

Sans réfléchir, j'ôtai mes chaussures, mis mes lunettes de soleil et, comme dans un songe, me dirigeai droit vers celle que j'avais recherchée à travers toutes les femmes que j'avais voulu aimer jusqu'alors. Plus je m'approchais d'elle plus mon anxiété croissait. Le Petit Sauvage ne me soufflait aucune stratégie galante ; et je ne me sentais pas la ressource d'improviser.

La plage était déserte. Ointe de crème solaire, Manon dorait en maillot de bain, les yeux mi-clos. C'était bien le corps de Madame de Tonnerre qui se trouvait étendu devant moi. J'avais très soif.

Quand soudain, à moins de deux mètres d'elle, je me revis vers douze ans dans une situation semblable, devant la petite fille qu'elle fut. Le contact du sable chaud sous mes pieds avait ranimé un souvenir enfoui dans ma mémoire. Ainsi que l'avait fait le Petit Sauvage, je commençai à tracer dans le sable avec mon talon droit le plan d'un appartement ; Manon en était le centre.

Au bout de trois ou quatre minutes, elle ouvrit les yeux et constata qu'elle se trouvait dans une maison imaginaire. Son regard annonçait un esprit pénétrant ; et il ne mentait pas. Tout dans sa physionomie exprimait la gourmandise : le dessin de ses lèvres, ses narines en éveil, ses pommettes, ses dents fines...

— Si vous voulez sortir, dis-je timidement, il faut prendre le premier couloir à droite, puis vous traversez la salle à manger, le salon, et la porte d'entrée est ici.

— Et... je suis où, là ? demanda-t-elle en souriant.

Sa voix me fit tressaillir ; j'entendais celle de Fanny.

— Dans votre salle de bains, répondis-je.

— Je jouais à ce petit jeu quand j'étais gamine, sur cette plage, avec un petit garçon plus âgé que moi...

— Je sais.

— Vous savez ? fit-elle, ironique.

— J'ai un don de voyance, répliquai-je avec sérieux. Je peux même vous dire qu'à cinq ans on vous appelait Manouche. Vous aviez une nurse anglaise, un petit vélo blanc et vous portiez toujours un chapeau de paille.

Interloquée, Manon se redressa :

— On se connaît ?

— Vous ne croyez pas à la voyance ?

— Non, si... enfin, pourquoi pas, mais... qui êtes-vous ?

— Vous avez une cicatrice sous le pied droit. Vous vous êtes ouvert le talon sur un rocher, le jour de l'anniversaire de vos sept ans.

— Si c'est de la voyance, chapeau.

— Et vous n'aviez vraiment rien à foutre du petit garçon avec qui vous jouiez sur cette plage.

— Non, là vous faites erreur. C'était mon premier amour. J'étais folle de lui mais je le lui cachais bien !

Je retirai mes lunettes de soleil.

Manon me dévisagea. Sans me reconnaître tout à fait, elle manifesta un léger trouble en croisant mon regard et, fugitivement, parut déceler dans mes traits les vestiges d'une figure familière.

— Ce petit garçon... c'était moi.

Manon demeura interdite quelques secondes ; puis elle dit, à mi-voix :

— C'est vous ?

— Oui, je suis votre ancien et votre nouveau voisin. Je viens de racheter la Mandragore. Bonjour Manon.

Je lui tendis une main en m'asseyant. Elle la serra. Il faisait très beau.

— Alexandre... chuchota-t-elle. Alexandre Eiffel, le Petit Sauvage... Je suis désolée, vous avez un peu changé. Et je ne m'attendais vraiment pas à vous croiser aujourd'hui, sur cette plage, en train de jouer au faux voyant...

Elle partit dans un éclat de rire.

Je retrouvais en Manon la grâce piquante de Madame de Tonnerre, toute la chaleur de son timbre grave ainsi qu'une bonne part de sa présence. Bien que peu appuyés, ses regards me laissaient deviner qu'elle apercevait la physionomie du Petit Sauvage qui, par instants, tressaillait sous mon masque d'homme. Un léger tremblement de ses lèvres trahissait l'émoi qui s'insinuait en elle. Une vague de réminiscences fit même rosir ses joues.

Jamais le Petit Sauvage n'avait remarqué que Manouche crevait d'amour pour lui. Il prenait la froideur que cette petite fille lui témoignait pour du mépris et ne pouvait concevoir que son attitude fût un effet de sa timidité.

— Ce que j'ai pu être amoureuse de vous... enfin de toi. Tu sais ce que c'est, une passion de petite fille...

Elle ajouta, comme pour se rassurer :

— Mais tout ça c'est du passé ! Qu'est-ce que vous, tu... qu'est-ce que tu deviens ?

— Ça ne vous dérange pas si je continue à vous vouvoyer ?

— Non, non... répondit-elle étonnée.

Le Petit Sauvage ne s'était jamais permis de tutoyer Madame de Tonnerre.

— Eh bien je suis devenu un vieux con ! dis-je gaiement. Mais ça va changer. C'est pour ça que je suis là.

Sur ces mots, je retirai mon alliance de ma main gauche et, sous le regard médusé de Manon, la lançai dans la mer. Moi, l'apologue du mariage, je venais de commettre un acte qui contredisait toutes mes convictions, avec une légèreté qui me surprit, sans que j'en eusse pesé toute la gravité. Quelle délivrance ! J'en frissonnai d'aise.

Surprise par mon geste, Manon resta muette.

— Je vais me recommencer, poursuivis-je, me corriger, remettre un peu d'enfance dans ma vie. Et vous ?

Manon étudiait les humeurs des volcans, consacrait sa curiosité aux plus perfides. Crapahuter dans de profonds cratères, au ras de la lave liquide, renifler l'air imprégné de soufre, sentir le pouls de ces roches vivantes, s'enivrer de danger, tout cela lui était un bonheur.

A ses yeux, une éruption était un moment sacré, le seul spectacle qui puisse rivaliser en beauté barbare avec la venue au monde d'un enfant. En causant du feu, elle dépeignait son tempérament à son insu. Je me passionnai illico, sans forcer mes sentiments, pour cette jeune femme éprise de ferveur et animée par une impressionnante capacité d'émerveillement. En elle Manouche respirait toujours ; son regard *radioactif* ne s'était pas éteint. Elle évoquait les coulées de matière en fusion, leur viscosité, leur élan avec un enthousiasme fébrile qui achevait de m'étourdir.

Un instant, je me souvins de la petite Manouche à son retour de voyage en Italie. A huit ans, elle avait assisté par hasard à une explosion du Stromboli. Une vague de magma s'était déversée par une large fissure ouverte sur le flanc du volcan. De cet éblouissement était née une certitude : *plus tard je serai contrôleuse de volcans*, avait-elle dit.

Songeant à mon entourage, je m'étonnai de ce que les femmes fussent moins sinistrées aux approches des trente-cinq ans que la plupart des hommes, plus soucieuses d'écouter et de respecter la petite fille qu'elles furent. D'où vient cette négligence masculine, cette ardeur à immoler le petit garçon ? Mon Dieu, pardonne-leur, ils ne savent pas ce qu'ils font.

Manon vivait donc au rythme de la terre, défaisait sa valise au pied de chaque volcan malade de son activité, un jour au Japon, le lendemain au Mexique. Elle ne se trouvait chez sa mère que pour y passer des vacances et préparer un grand événement.

— Je vais me marier bientôt avec Bertrand, mon ami, précisa-t-elle.

Avec spontanéité, je lui posai alors une question qui m'étonna moi-même :

— Vous ne trouvez pas que ce serait formidable si on s'autorisait à dire la vérité de ce que l'on sent, comme des gamins ?

— Oui... pourquoi ? fit-elle, interloquée par ma brusque sortie.

— Eh bien, je vais vous la dire, ma vérité : si vous vous mariez, je serai désespéré.

Mal à l'aise, Manon se mit à rire et me demanda avec une fausse gaieté :

— Tu plaisantes ?

— Non. Je ne vous demande rien, rien que votre présence. Je n'ai pas envie de toucher votre corps ; mais je serais vraiment malheureux si vous épousiez votre Bertrand.

— Alors toi, tu as une façon de faire des avances...

— Je ne vous fais pas la cour, Manon, et ne prétends à aucune faveur particulière. J'en ai assez des rapports prévisibles entre les hommes et les femmes. Je souhaiterais seulement jouer avec vous.

— A quoi ?

— A tout, sauf à l'adulte.

Tout à coup j'aperçus au loin la silhouette de la véritable Madame de Tonnerre qui rappliquait vers nous. Je paniquai à l'idée de rencontrer mon idole vieillie. Elle devait rester aussi jeune que sa fille, inatteignable par les ans.

Je me levai et lançai à Manon :

— Si un jour vous avez envie de pirater, venez gratter à ma porte. Vous vous souvenez de ce que ça voulait dire ?

— Oui.

— A bientôt.

Je me carapatai.

— Attendez, maman arrive. Elle sera contente de vous revoir !

Sans répondre, je hâtai le pas vers la Mandragore.

Le rez-de-chaussée rappelait désormais celui de notre villa d'autrefois. Seuls les meubles manquaient. Il était temps d'enlever Tout-Mama, de la faire évader de son asile de vieillards pour la réinstaller dans ce décor de son passé, là où elle avait régné pendant plus d'un demi-siècle. Le Petit Sauvage ne l'aurait pas laissée s'amenuiser aussi longtemps dans un tel purgatoire.

Je montai dans la voiture de location et pris la direction de la maison de retraite. J'étais résolu à sauver ma grand-mère de la vieillesse et de son cortège d'humiliations.

Née en 1907, Tout-Mama avait cessé de chercher le bonheur parmi les adultes en 1914. La guerre que se livraient alors les grandes personnes de France et d'Allemagne lui avait inspiré une aversion totale pour les individus de plus de douze ans. Depuis cette époque, elle s'était ingéniée à mettre une distance entre le monde et elle. En épousant mon grand-père, Polycarpe Eiffel, elle s'était retranchée dans la Mandragore et avait transformé cette villa en un petit univers préservé de la logique des citoyens majeurs.

Dès que l'on franchissait la grille d'entrée du parc, on ressentait une atmosphère légère de grandes vacances. Chez Tout-Mama, le goûter était un repas digne de tous les raffinements. Evoquer les actualités ou lire la presse sérieuse était interdit. Un minimum de désinvolture était de mise. Tout le monde jouait avec la gravité que les enfants mettent dans leurs divertissements.

Mon grand-père jouait au vieux mari sourd et veillait chaque jour à ne pas se tromper de perruque ; il en possédait sept de même couleur dont les coupes de longueur différentes lui permettaient de faire croire que ses cheveux poussaient toujours. Quand il prétendait être allé chez le coiffeur — alors qu'il avait fait une virée chez une vieille putain — il ajustait avec soin sur son crâne sa perruque la plus courte.

Lorsque mes parents descendaient à la Mandragore, ils jouaient à vivre ensemble, à s'aimer et à nous élever. Mon père était géologue. La compagnie minière qui l'employait fouillait les entrailles de l'Afrique. Tout-Mama le disait chercheur d'or. Elle ne pouvait se retenir de magnifier les êtres qu'elle aimait. Mon père et ma mère, qui le suivait, se trouvaient donc souvent loin du Petit Sauvage qui coulait des jours paisibles au Collège Mistral. Tout-Mama m'accueillait à la Mandragore les week-ends. Mes rapports avec mes parents étaient aussi épisodiques que bénéfiques et fabuleux. Quand ils étaient en France, ils me regardaient vraiment. Mon père enchantait le quotidien. Tout était prétexte à organiser des réjouissances, à commettre des friponneries. Avec lui, exister était une fête. Il surgissait déguisé en Père Noël le 14 Juillet, inventait mille périls imaginaires afin de paraître capable de m'en protéger, réparait une vieille montgolfière destinée à faire le tour du monde en 79 jours, construisait une catapulte géante sur la plage pour m'expédier dans la mer, louait une girafe le jour de mon anniversaire, installait des ruches en verre, faisait une grande consommation de feux d'artifice, m'offrait un bison empaillé... En digne fils de sa mère, il mettait en scène la vie.

Tout-Mama était née Sauvage. C'était elle qui m'avait surnommé *Le Petit Sauvage*, comme pour marquer qu'elle retrouvait son sang bouillant dans mon caractère. Son extravagante passion pour moi me gênait parfois. A table, elle m'attribuait systématiquement la plus grosse part de dessert. Mes cousines devaient se contenter de maigres portions.

Tout-Mama n'avait plus connu de limites à sa volonté depuis 1927, année de son mariage. Accoutumée à céder à TOUS ses instincts, ma grand-mère était décalée dans presque toutes les situations. Avec gaieté, elle paraissait léviter au-dessus du réel. A ses yeux, les lois de la République ne concernaient ni sa famille ni sa maison qu'elle regardait comme un sanctuaire inviolable. Pendant la dernière guerre mondiale, des officiers de l'armée allemande avaient tenté d'installer une Kommandantur à la Mandragore. Inconsciente du danger, elle les avait expulsés en les saisissant par l'oreille, comme des galopins. Leur réalité ne la concernait pas.

A la mort de mes parents, Tout-Mama avait dû quitter sa villa féerique pour emménager dans une maison de vieux en ciment. Soudain la vraie vie l'avait rattrapée. Les grilles de notre jardin ne l'avaient pas protégée contre la pauvreté et la vieillesse.

J'arrêtai ma voiture devant l'asile, un parallélépipède gris au charme fort discret. J'étais venu libérer la souveraine de la Mandragore, lui rendre son sceptre et son passé.

— Eh ! Où allez-vous ? me lança une infirmière, tandis que je gravissais en courant les marches d'un grand escalier.

— Où est Madame Eiffel ?

— Sur la terrasse, au dernier étage.

Sur le toit de l'immeuble, des vieillards inutiles avaient été installés dans des fauteuils, chacun sous un parasol mité. Dans leur solitude, certains mâchaient des mots vides de sens, palabraient avec le vide. D'autres séchaient sur place en suppliant qu'on leur apportât un verre d'eau. Toutes les demi-heures, une infirmière nonchalante déplaçait ces bientôt-cadavres afin qu'ils restassent à l'ombre, histoire de préserver les viandes. Des mouches voletaient dans les yeux des plus déconfits, ceux qui roupillaient la bouche ouverte en laissant voir une denture ébréchée. On les faisait ainsi tourner autour des parasols à longueur de fin de vie.

Je cherchais Tout-Mama du regard. Etait-elle attablée à côté de la dame qui était en train de se soulager sous elle ? Non, ce n'était pas elle. Un homme né au XIXe siècle m'agrippa.

— Vous n'auriez pas un petit mégot ? Un tout petit...

Je lui laissai mon paquet de cigarettes.

Et dire que toutes ces momies ont été des enfants pétillants, pensai-je en frissonnant. Mais où était ma grand-mère ?

— Monsieur Eiffel ! lança-t-elle de sa voix claire.

Je me retournai. Attablée devant un scotch, Tout-Mama souriait en se passant un peu de rouge carmin sur les lèvres. A quatre-vingt-treize ans, elle n'avait toujours pas déposé les armes de la séduction.

— Quel bon vent t'amène, Monsieur Eiffel ? me demanda-t-elle avec une pointe d'ironie.

— Le Petit Sauvage vient te chercher. J'ai racheté la Mandragore, pour nous deux. Je t'emmène, tout de suite !

Tout-Mama s'arrêta de respirer. Un à un, les muscles de son vieux visage tentèrent de lui composer une expression de bonheur. Un sourire timide finit par se dessiner sur sa bouche. Son masque de tristesse s'évanouit. Je retrouvai sa figure radieuse d'autrefois.

— Tu viens de me tirer d'un long sommeil, murmura-t-elle.

Tout-Mama attrapa sa canne, se leva et prit mon bras en disant sur un ton enjoué :

— En chemin, nous nous arrêterons chez le garde-meubles !

— Le garde-meubles ? !

— A la vente de la Mandragore, je n'ai pas pu me séparer de mes affaires. Alors j'ai tout confié à un garde-meubles : mes commodes, mon lit, enfin tout...

Devant ma stupéfaction, elle ajouta, comme pour s'excuser :

— Tu sais, en vieillissant on tient à ses petites affaires. C'était absurde... mais puisque ça ne l'est plus, embrasse-moi ! Si je n'avais pas été prévoyante, avec quoi aurait-on remeublé la Mandragore ?

J'embrassai ma grand-mère et, tel un Prince de conte, l'emportai loin de ce présent hideux, vers nos complicités d'antan. Avec du recul, je crois que cet enlèvement fut sans doute le plus bel acte de mon existence, bien qu'il fût égoïste.

Un avenir aussi beau que notre passé nous attendait ; du moins l'espérais-je.

En route vers la Mandragore, je racontai à Tout-Mama comment Alexandre Eiffel avait décidé de se supprimer pour que le Petit Sauvage pût renaître. Ma décision lui parut assez déraisonnable pour être sage.

Que j'eusse pour ambition de remonter le temps la ravissait. Tout-Mama avait toujours essayé de me donner de la vie des notions romanesques, de m'inculquer le goût de la révolte contre les limites de la condition humaine. Elle pensait que la réalité dont parlent les grandes personnes n'est qu'une illusion qu'ils entretiennent avec soin pour justifier leur lâcheté, leur manque d'imagination et leur misère affective. *Je ne connais pas d'autre vérité que celle de mes désirs*, avait-elle coutume de répéter.

— Tu sais, me dit-elle avec émotion, j'ai bien cru que je ne reverrais jamais le Petit Sauvage.

Je l'informai que, si elle le voulait bien, la Mandragore roulerait désormais sur elle. J'étais prêt à lui donner procuration pour qu'elle signât des chèques à ma place. Le Petit Sauvage n'avait besoin que d'un peu d'argent de poche. Je ne souhaitais plus administrer mon quotidien. Ce serait elle qui réglerait — avec mes sous — les factures de gaz et d'électricité, mes impôts et ces mille petits tracas qui sont le poil à gratter de l'existence. Je désirais ne plus songer aux menus de mes repas, ni avoir affaire à un plombier ou à un assureur.

Tout-Mama accepta cette charge qui lui donnait le sentiment d'être enfin utile, me dit-elle. Je recouvrai séance tenante l'insouciance allègre des enfants qui ne s'inquiètent pas des exigences de la vie matérielle. A l'heure du goûter, il me suffirait de me rendre à la cuisine pour y trouver des tartines à la gelée de groseille préparées par Tout-Mama. Le gazon serait tondu par un jardinier qui entretiendrait le parc sans que je susse ce qu'il me coûterait. D'ailleurs avais-je les moyens de l'employer ? Cette question ne m'intéressait plus ! Le Petit Sauvage ne se l'était jamais posée.

J'ignorais encore que Tout-Mama trouvait dans mon dessein une occasion de revivre par l'imagination des moments heureux aux côtés de son fils. A trente-huit ans, je ressemblais étonnamment à mon papa au même âge.

Tout-Mama apercevait donc mon père en moi, je regardais Manon comme une Madame de Tonnerre pré-servée des atteintes du temps et Manon était troublée de deviner le Petit Sauvage sous mes traits d'homme. Etrange jeu de miroirs... mais quand le cœur se met à battre, n'est-ce pas presque toujours parce que l'on voit autre chose que ce que l'on a devant les yeux ?

Nous arrivâmes le soir à la Mandragore.

— Arrête-toi ! tonna Tout-Mama alors que nous nous engagions dans l'allée de platanes qui mène à notre maison.

Je pilai. Sa voix avait tremblé. Tout-Mama s'efforça de juguler une émotion trop forte.

— Qu'est-ce qu'il y a ?

Elle se ressaisit et dit, pour masquer son trouble :

— Ton grand-père Polycarpe n'a jamais toléré qu'on gare les voitures devant la maison. Tu ne vas tout de même pas commencer !

Feu mon grand-père nourrissait une haine pour les automobiles à la mesure du culte qu'il vouait aux chevaux. Grand cavalier, Polycarpe accusait avec virulence André Citroën, Henry Ford et leurs complices d'avoir porté un coup mortel à l'équitation. Mes grands-parents paternels ne possédèrent donc jamais de voiture à moteur. Pour se rendre au marché, Tout-Mama faisait de l'auto-stop. Son habitude était d'arrêter les véhicules qu'elle jugeait dignes de la transporter en se tenant au milieu de la route. Quand je l'accompagnais, elle proférait ensuite une phrase rituelle qui me mettait à chaque fois mal à l'aise : *Bonjour Monsieur, vous m'avez l'air d'un citoyen convenable. Sachez que je suis une grand-mère sans voiture qui se propose d'emmener son petit-fils à la ville. Accepteriez-vous de nous véhiculer ?*

— Arrête-toi là, et fais-moi le plaisir de rendre au plus tôt cette carrosserie de location.

Nous avions à peine franchi la grille que sa nature excentrique et impériale renaissait. Trop émue pour le laisser paraître, Tout-Mama se donnait l'air de rentrer chez elle comme si elle ne s'était absentée que quelques heures. Tout dans son attitude niait que vingt-trois années s'étaient écoulées depuis son départ.

— Je vais préparer un souper. Pendant ce temps-là, va donc à l'église du village me chercher quelques litres d'eau bénite.

Tout-Mama avait toujours consommé d'énormes

quantités d'eau bénite. La fréquence de ses ablutions et des aspersions qu'elle pratiquait sur ses petits-enfants à l'aide d'un rameau de buis était sidérante. A chaque fois qu'elle trompait son époux — ses appétits sexuels étaient indomptables — elle rinçait la totalité de son corps à l'eau bénite. Dès que le Petit Sauvage commettait le quart d'un péché véniel, il était bon pour une aspersion. Quand des gitans passaient sur la route devant la Mandragore, toutes les pièces de la maison étaient *purifiées* à l'arrosoir (!). Le Petit Sauvage était donc de corvée d'eau bénite une fois par semaine. Il se rendait à l'église du village muni de bouteilles de whisky vides — mon grand-père avait un faible pour le scotch écossais — afin de les remplir en les plongeant dans de profonds bénitiers. Je détestais cette besogne. Le glouglou des bouteilles résonnait dans la petite église. J'étais terrorisé à l'idée d'être surpris en train de voler des litres de l'eau du Bon Dieu.

Une cousine m'avait un jour suggéré de remplir les bouteilles dans la rivière qui coule au fond du parc. Cela m'évitait la longue marche jusqu'à l'église et le retour harassant avec la cargaison d'eau bénite. Pendant des années, Tout-Mama avait donc béni sa famille, son jardinier et son mobilier avec l'eau de la rivière.

Ce soir-là, je trichai de la même façon. Un frisson de culpabilité me traversa, pour mon plus grand plaisir. Cette sensation faisait écho à d'anciennes émotions.

Quand je revins à la Mandragore, Tout-Mama avait les yeux rouges. Elle avait dû m'envoyer chercher de l'eau bénite pour pleurer à son aise. Nous n'en parlâmes pas. Elle avait dressé un couvert sur une table à tréteaux. Ses meubles ne seraient livrés que le surlendemain.

— Le Petit Sauvage, tu es un fou, lança Lily.

— Cette voix... murmura Tout-Mama.

Je sortis Lily de sa cage et la posai sur le rebord de la table, devant un bol rempli de fruits coupés. Tout-Mama servit des œufs frits dans nos assiettes.

— Le Petit Sauvage, tu es un fou, répéta Lily.

— J'ai l'impression de souper avec ton papa... dit Tout-Mama en souriant.

Le visage de son fils se trouvait devant elle, en filigrane dans le mien, et la voix de mon père retentissait dès que Lily ouvrait le bec. Marcel s'était couché sur mes pieds ; ainsi que le faisait le chien du Petit Sauvage. J'avais le sentiment de dîner en enfance avec ma grand-mère, loin de l'homme que j'étais devenu. Les boiseries de la Mandragore craquaient, comme autrefois. La silhouette de Madame de Tonnerre flottait dans mon esprit. Tout-Mama évoqua une vieille querelle jamais vidée avec nos autres voisins, les Mortebize. Depuis toujours, elle prétendait — en s'appuyant sur d'obscurs arguments — que la moitié de leur jardin nous revenait de droit. A plusieurs reprises, elle avait déjà tenté d'annexer les plates-bandes qu'elle convoitait.

— Cette fois, s'exclama-t-elle, ce sera l'Anschluss !

— Tout-Mama, je crois qu'il vaut mieux y renoncer une bonne fois pour toutes.

— Tu m'abandonnes ? Il n'y a plus d'hommes ! Il n'y a plus d'hommes !

— Ecoute, la ligne de partage est juste...

— Je ne connais de justice que dans la défense des gens qu'on aime, me rétorqua-t-elle ulcérée.

Après le dîner, Tout-Mama insista pour me peser sur

une antique balance qu'elle avait trouvée dans l'une des salles de bains de la maison. Surveiller mon poids était pour elle une façon de mesurer avec précision l'amour qu'elle me prodiguait. Jusqu'à l'âge de quinze ans, elle avait ainsi contrôlé régulièrement ma prise de poids. Si j'avais l'impudence de perdre un kilo sous son toit, je recevais une claque ; deux kilos en moins me valaient des corvées supplémentaires d'eau bénite.

Le tourbillon de son extravagance me ramenait en arrière ; mais j'étais conscient que ma stratégie pour ressusciter le Petit Sauvage demeurait artificielle.

Une idée me vint alors à l'esprit.

Seul un choc amoureux pouvait me rendre ma *radio-activité*. La renaissance du Petit Sauvage n'aurait lieu que si je m'autorisais à cultiver la passion que je ressentais pour Manon de Tonnerre. N'est-on pas replongé dans la poésie de l'enfance quand une inclination violente nous accapare ? Manon, Manon, Manon... son prénom virevoltait déjà dans mon esprit, piquait mon imagination. Cette nouvelle Madame de Tonnerre détenait les clés de mon dessein ; et cela me désolait sincèrement. J'aurais tant aimé que ma femme fût tout mon avenir.

Dès le lendemain, je me dissimulai dans le pin parasol du Petit Sauvage avec un coussin que je calai sous mon ventre. Bercé par le lent balancement de la branche, je modérai mes ardeurs. L'amoureux de la monogamie que j'étais encore n'était pas prêt à se précipiter dans les affres d'une liaison charnelle. La fidélité était la clef de voûte de la personnalité ossifiée d'Alexandre Eiffel. Tromper Elke me métamorphoserait si radicalement que je redoutais cette éventualité autant que je l'espérais.

Je préférais essayer de retrouver avec Manon les voluptés que le Petit Sauvage avait éprouvées jadis en frôlant Fanny de Tonnerre et en se laissant griser par son charme subtil. Ces sensations primitives, véritables esquisses de ma vie sensuelle, me paraissaient plus étourdissantes que la somme de tous les coïts d'Alexandre Eiffel.

Puis j'entendais ne pas me plier aux règles de l'amour adulte. Où était-il écrit que la fornication était une issue obligatoire ? Je souhaitais seulement connaître avec Manon une relation aussi légère que le commerce charmant que j'avais établi avec Fanny, avant qu'elle ne perdît la tête.

Ces pensées m'occupaient quand j'aperçus Manon, vêtue d'un bref maillot de bain. A sa vue, je frissonnai. Elle marchait pieds nus sur la digue du petit port privé commun à nos deux villas. Deux statues de lions en défendaient toujours l'entrée. Ma gorge devint sèche. Cette Madame de Tonnerre me donnait aussi soif que celle de mes souvenirs. Elle sauta à bord du petit bateau bleu que sa famille possédait encore, vérifia que le réservoir à essence était plein et cria :

— Viens !

Je jetai un coup d'œil sur le jardin des Tonnerre. Il n'y avait personne.

— Viens ! Viens vite ! répéta-t-elle.

Qui pouvait-elle interpeller ? Manon fouilla dans un sac de plage, saisit ce qui paraissait être un miroir de poche et... refléta le soleil dans ma direction ! Je demeurai un instant ébloui.

— Alexandre ! Je t'attends !

Stupéfait, je descendis de l'arbre et la rejoignis. Le moteur du bateau ronronnait.

— On va pirater ? me lança-t-elle.

Sans réfléchir, je montai à bord. Elle largua l'amarre avant.

— Comment avez-vous fait pour me repérer ? demandai-je, encore interloqué.

— Je connaissais ta cachette. Quand on était gosses, tu passais des heures dans cet arbre. Et moi, tu savais où je me planquais à l'époque ?

— Non.

— Juste en face, dans le séquoia ! Je me postais là pour t'observer en douce.

Manon jeta sur le quai la dernière amarre, manœuvra dans le port et dirigea l'embarcation vers le large. Que Manouche eût maté le Petit Sauvage à son insu, alors qu'il contemplait sa mère me laissait pantois. Le clapotis de la mer nous secouait. Je me trouvais dans le bateau bleu de Madame de Tonnerre avec son fantôme ; et quel fantôme ! Le corps de Manon offrait à l'œil une carnation irréelle ainsi que toutes les courbes et tous les volumes susceptibles d'assécher la gorge d'un homme. Le Sahel s'installa dans la mienne.

— Tu ne t'en étais jamais rendu compte ? reprit-elle.

— Non...

— Quand j'étais dans le séquoia, j'étais tellement amoureuse que parfois je me mordais jusqu'au sang pour ne pas crier.

— Pourquoi m'avez-vous appelé ?

— Autrefois ma mère partait des journées entières en bateau avec toi. J'étais folle de jalousie !

Elle ajouta en souriant :

— Maintenant c'est mon tour...

Puis elle précisa, en jouant de sa voix cassée :

— Mais rassure-toi, je ne vais pas te violer. C'est juste un caprice... une revanche de petite fille.

— Où m'emmenez-vous ?

— Où alliez-vous avec maman ?

— Derrière le cap de Camarat. On pêchait dans les petites criques. Vous avez des masques et des tridents ?

— Il y en a toujours dans le bateau.

Elle accéléra en direction du phare de Camarat. Les sorties de cette fille solaire me subjuguaient. Comme le visage de sa mère, celui de Manon clamait qu'elle était de ces femmes envoûtantes qui ont un solide penchant pour les éperduments de l'amour physique, de celles qui vénèrent le Dieu Caresse et par qui les hommes peuvent espérer une révélation érotique. Tout cela, je le reniflais et le pouvais lire sur sa physionomie dessinée pour exprimer le plaisir et la douleur. Cependant, j'étais résolu à juguler mes élans. Je souhaitais échapper au casse-tête de l'amour sexué, ne plus être confronté au dilemme pénible entre la fidélité et l'adultère. Et puis je ne voulais pas me lancer à nouveau dans une liaison de grandes personnes qui, je le savais, ruinait à coup sûr la passion.

A vrai dire, Manon n'était pas entièrement belle. Pris isolément, quantité de détails dans sa figure s'opposaient à ce qu'elle fût aimée. Sa denture était désordonnée, son regard de loup pouvait inquiéter et ses traits étaient presque irréguliers ; mais il se dégageait de ses imperfections une sensualité qui m'affolait. De surcroît, sa ressemblance avec sa mère était à mes yeux un agrément supérieur à la beauté d'Elke.

La franchise de Manon facilitait notre commerce. Elle ne s'embarrassait pas de ces préambules qui noient la sincérité et préférait parler de ce qu'elle sentait plutôt que de discourir sur des événements éloignés d'elle. Notre conversation roula donc sur les sentiments que nous inspiraient nos destinées.

Je lui exposai sans fard les motifs de ma conversion, lui expliquai pourquoi j'avais coupé la ligne téléphonique de la Mandragore et lui laissai entrevoir ma détermination.

Elle sourit, parut me comprendre et dit :

— Quand j'approche d'un volcan, je me sens en vie. Le mois dernier, j'ai navigué en canot pneumatique sur le lac-cratère du Kawa Jjen, en Indonésie. C'est un lac d'acide sulfurique, du vitriol. Nous devions le sonder, faire des prélèvements. La moindre fuite du canot, nous étions dissous dans l'acide...

Puis elle ajouta :

— Eh bien je vivais ! Est-ce que j'étais plus dingue que toi ? En tout cas, sur ce lac je naviguais dans mes rêves de petite fille ! s'exclama-t-elle.

A ses côtés, je subissais une possession étrange. Le vent du large avivait l'incendie que formait sa chevelure. Je me livrais au sentiment de bien-être que le Petit Sauvage éprouvait en compagnie de Madame de Tonnerre, lorsque nous nous trouvions seuls en de pareilles circonstances. Je retrouvais avec sa fille une sensation d'intimité presque semblable à celle que le Petit Sauvage avait connue sur ce bateau bleu. Manon-Fanny me décochait des sourires par en dessous, timides, qui m'étourdissaient de bonheur.

Hélas, mes sens entrèrent dans mon inclination renaissante. Si Manon m'avait manifesté plus de froideur, peut-être aurais-je pu tempérer mes instincts ; mais elle ne cessait de me marquer le plaisir qu'elle prenait à ma présence par des mines qui me tourmentaient. Chacun de ses regards disait son envie de ma peau. Je ne pouvais pas me dérober ; nous nous trouvions au milieu d'une baie.

Je sentais qu'elle ne soulignait les qualités de son Bertrand que pour se convaincre qu'elle lui conservait quelque attachement ; et son insistance sur ce chapitre me sembla un procédé habile pour me prier de ne pas la tenter.

Quand, soudain, elle dit avec simplicité :

— J'ai ENVIE de faire l'amour... avec toi.

Puis elle sourit avec gourmandise.

— Ah... fis-je, la gorge sèche.

Si la côte avait été plus proche, j'aurais plongé dans la mer. La franchise abrupte de Manon me désarçonnait plus que je n'osais le laisser paraître. Je ne m'étais pas embarqué pour la trousser mais avec l'espoir de ressentir le trouble que sa mère avait inspiré au Petit Sauvage pendant des années, cette exquise griserie qui naissait d'une relation étroite faite de distance.

— J'en ai envie, mais je ne le souhaite pas, précisa-t-elle.

— Ah...

— Ça ferait désordre, à deux mois de mon mariage... Je voulais seulement dire la vérité, pouvoir la dire sans que cela soulève de difficultés entre nous, m'accorder cette liberté, moi aussi. C'est bien ce que tu désirais ?

— Oui... Tiens ! C'était là qu'on pêchait des oursins, dans la crique du Hérisson.

Manon s'approcha de la crique, immobilisa le bateau,

jeta l'ancre et piqua une tête. J'ôtai ma chemise, mon pantalon, pris un masque et me glissai dans l'eau en caleçon. Les jambes de Manon frôlaient les miennes. Des réminiscences de voluptés anciennes me submergeaient. La mer était tiède. Je baignais dans le ravissement, nageais autour d'elle. C'était bien les cuisses de Madame de Tonnerre que je reluquais à travers la vitre de mon masque. Quelle jouissance de les sentir si proches ! Ses seins présentaient des rondeurs que je confondais avec celles de sa mère.

— Où est-ce qu'il y a des oursins ? demanda-t-elle.

— Là-bas !

Je plongeai, à la recherche des prairies de posidonies, des grandes gorgones, des roches coralligènes et des poissons de toutes les couleurs qui vivaient encore dans ma mémoire ; mais je ne retrouvais plus rien, seulement de la rocaille nue et grise. M'étais-je trompé de calanque ? Non. La pollution s'était chargée d'anéantir ces merveilles.

— Tout a disparu, constatai-je avec désolation.

Nous revînmes au bateau. En nageant, Manon me jetait de longs regards. Ses yeux, qui étaient ceux de Fanny, me paraissaient pleins de désir pour le Petit Sauvage qu'elle apercevait en moi.

Je montai à bord le premier, lui donnai la main pour l'aider et la tirai ; quand, tout à coup, elle sauta à califourchon sur mes hanches ! Je vacillai, m'efforçai de sauver ma vertu, en vain. Elle me viola sans préambule. La houle puissante de son bassin brisa mes ultimes résistances. Quel ressac ! Une ultime déferlante accompagnée de nos cris mêlés me terrassa. A trente-huit ans, je venais de découvrir dans les bras de Manon-Fanny ce que le terme extase s'efforce d'exprimer. Cette protestante sensuelle élevée dans les parfums m'avait fait à nouveau sentir ma virilité.

Manon ferma doucement les yeux. J'eus alors l'impression qu'elle se reprenait complètement, après s'être toute donnée, remettant entre nous cet éloignement sans lequel le désir ne peut renaître. Jamais je n'avais eu le sentiment de m'unir à ce point à une femme et, soudain, j'en étais entièrement dépossédé. D'instinct, Manon savait se replier au moment où la plupart des maîtresses commettent l'imprudence de s'abandonner.

Puis elle caressa mon sexe de ses lèvres, le sollicita si bien qu'il se montra sensible à ces agaceries, l'accueillit entre ses dents fines avec ferveur et tendresse, le cajola et, enfin, le suça. Quelle PIPE ! Etait-ce la bouche de Manon ou celle de Fanny ? Hier, aujourd'hui se fondaient ensemble. Je flottais dans le paradis des fantasmes accomplis. Il n'était point question d'une simple satisfaction sexuelle mais d'une félicité totale. Comme sa mère, vingt-cinq ans plus tard, elle but tout. Fanny-Manon, la colombe à deux têtes, la femme qui voyageait dans le temps en demeurant intacte...

— Je croyais que vous ne souhaitiez pas faire l'amour ? murmurai-je en souriant.

— C'était vrai... mais je n'ai pas pu faire autrement ! C'est pour ça que c'était si bon.

Elle ajouta avec une extraordinaire fraîcheur :

— J'adore faire ça avec toi ! C'était BON, bon, vraiment bon, répéta-t-elle en souriant.

Je demeurai émerveillé par cette jeune femme qui s'accordait la licence de dire ce que sa chair avait éprouvé. Manon bousculait sa pudeur protestante avec une gaieté et une liberté qui m'éblouissaient. Faire l'amour avec elle était vivifiant.

Dès cet instant, une fêlure apparut en moi. En forniquant avec cette fille qui n'était pas ma femme, j'avais dérogé à l'un des principes qui corsetaient l'existence d'Alexandre Eiffel ; et ce quasi-délit, au regard des propos que j'avais mille fois tenus, me renouvelait, m'enfantait, me libérait du personnage amidonné que j'avais composé pour survivre à la mort de mon père, puis à celle de ma mère.

Je compris alors qu'il n'est pas de vraie vie sans incohérences. Les hommes et les femmes qui tentent de se conformer toujours à une certaine idée d'eux-mêmes — quelle qu'elle soit — sont des presque-cadavres. Le libertin ne revit qu'en découvrant la saveur de la fidélité. L'épouse enfermée dans la monogamie ne refleurit que si elle court le risque de l'adultère. La cohérence mutile ; l'incohérence régénère.

Ma joie n'était gâtée par aucune culpabilité. Soudain les vertiges du sexe ne m'apparaissaient plus comme un enfer. Je me sentais le digne petit-fils de Tout-Mama qui, elle, avait toujours su cultiver ses aspirations les plus contraires. Bigote, grande consommatrice d'eau bénite, elle ne s'était jamais lassée de céder aux appels de ses sens. Mon grand-père fut sans doute l'un des maris les plus trompés d'Europe. A table, elle maniait le couteau à poissons avec dextérité et respectait scrupuleusement tous les usages du siècle dernier ; mais elle mangeait une fois par semaine un déjeuner complet avec ses mains, le plus salement possible, pour laisser la bride à la bête vorace qui sommeillait en elle. Ces repas particuliers portaient le nom de *repas-Mortebize*, en hommage à nos voisins qu'elle considérait comme des porcs. En ces occasions, elle s'autorisait même à roter.

— J'ai faim ! lança Manon.

— Et moi soif...

Nous retournâmes au petit port ; puis elle m'entraîna en stop jusqu'à la ville, dans un restaurant italien. Sous l'influence de Tout-Mama, j'avais rendu mon auto de location et Manon refusait de monter avec moi à bord de la voiture de son Bertrand. Médecin de son état, il travaillait à l'hôpital pendant la journée.

— Si j'avais envie de toi tout à coup, me dit Manon, franchement ça me gênerait qu'on fasse l'amour dans sa voiture.

Les femmes infidèles ont de ces arrangements avec leur conscience... Le trajet en stop m'enchanta. Je n'avais plus levé le pouce au bord d'une route depuis l'époque où Tout-Mama arrêtait des automobilistes élégants pour les sommer de nous véhiculer.

Au restaurant, le serveur nous présenta la carte.

— Que prend-on ? demanda-t-elle.

— Ce que tu aurais voulu si tu avais eu huit ans aujourd'hui. Je t'invite. Je veux faire plaisir à la petite fille que tu as été et qu'avec moi tu t'autorises toujours à être la petite Manon. La grande Manon, je la laisse à Bertrand !

— Alors on fait un repas de desserts ?

— Qu'est-ce qui nous en empêche ? Retire ta montre. Les horaires des grandes personnes, on s'en fout !

— Non, je vais louper mon rendez-vous. Je dois être à quinze heures à ma banque.

— Manon, je voudrais que tout cela n'existe plus quand nous sommes ensemble. Vivait-on plus mal à six ans sans montre ni carnet de rendez-vous ?

Manon sourit, retira sa montre et la mit dans l'une des poches de son chemisier.

— Tu ne te sens pas plus libre ?

— Si.

— On les choisit ces desserts ?!

Manon commanda sept desserts, moi quatre, au grand étonnement du serveur qui tenta d'infléchir notre choix vers des menus plus sérieux.

— Puisque avec toi j'ai le droit d'avoir huit ans, fit Manon, je souhaiterais qu'on ne fasse jamais de projets, qu'on vive tout dans la seconde ! Des projets, je n'en ai que trop avec Bertrand.

— Marché conclu.

Elle me tendit la main ; je la lui serrai.

— Et pour commencer, dit-elle, juste après le déjeuner on file dans un grand magasin pour s'offrir tout ce que nos parents refusaient de nous acheter !

Je levai mon verre. Nous trinquâmes ; et j'ajoutai :

— On mettra toutes nos courses dans notre cabane !

— Notre cabane ? ?

— Avec toi je veux une cabane dans un arbre, pas une maison.

Le serveur se retourna. Personne ne nous regardait. Manon me vola un baiser, en douce. Nous jouions déjà à nous aimer.

— Promets-moi que nous ne ferons jamais l'amour dans un lit, me chuchota-t-elle.

Je jurai solennellement de ne la faire gémir que dans

des endroits improbables, en excluant toutefois les cabines d'ascenseur (je suis claustrophobe). Nous nous amusâmes ensuite à imaginer quel enfant avait pu être chacun des clients du restaurant ; ce qui revenait à constater qu'ils s'étaient trahis eux-mêmes. Aucun gamin n'a jamais rêvé de courber l'échine devant un petit chef, d'être immatriculé à la Sécurité Sociale ; rares sont ceux qui aspirent à se couler dans un rôle de contribuable à double menton ; et nous n'avions que peu de Princesses sveltes, de Pirates téméraires et d'Explorateurs devant nous. Tous paraissaient affiliés à une caisse de retraite.

Onze desserts plus tard, Manon et moi nous servions du rebord de l'escalier mécanique d'un grand magasin comme d'un toboggan, afin de gagner le rayon alimentation. Manon fit main basse sur tous les chocolats dont elle raffolait, s'empara de vingt paquets de chips au paprika et rafla dix kilos de meringues.

— Il faudra qu'elle soit grande, notre cabane ! me lança-t-elle, avant de prier un vendeur de faire livrer cet amoncellement de vivres à la Mandragore.

Manon choisit ensuite trois robes moulantes de star, trois modèles qui eussent été à leur place sur les épaules et les hanches de Greta Garbo. Depuis l'âge de huit ans, elle nourrissait un rêve aussi ordinaire que ceux qui mijotent dans la cervelle de la plupart des petites filles : être célèbre et reconnue dans la rue. Acheter des costumes de vedettes de cinéma pouvait être un début... Que Manon eût le courage de m'avouer cette niaiserie me la fit aimer davantage.

Pendant qu'elle terminait ses essayages, j'écumai le département bricolage. Il me fallait quelques outils pour construire notre cabane. Puis je me portai acquéreur d'un lance-pierres, d'un couteau suisse et d'un train électrique aussi long que celui que mon père avait offert au Petit Sauvage pour son septième anniversaire.

— Ce sera livré ce soir, m'assura un employé.

Au détour d'un rayon, Manon s'arrêta devant un vélo blanc hollandais.

— J'avais le même autrefois ! s'exclama-t-elle. En plus petit.

— Tu as le même, rectifiai-je gaiement en sortant mon chéquier.

J'achetai également un vélo rouge semblable à celui sur lequel le Petit Sauvage avait appris à pédaler. Jamais je n'avais pris autant de plaisir à claquer des ronds. Plus je dilapidais mes sous — *casser le cochon*, disait le Petit Sauvage — plus Manon et moi nous rapprochions de notre enfance.

Je la retrouvai assise sur l'un des lits du rayon literie, les genoux croisés.

— On se déplacera à vélo, on aura une cabane et on ne portera pas de montre, conclut-elle.

— Arrête de parler au futur. On a dit qu'on vivait tout au présent, sans délai ! dis-je en la basculant sur le matelas.

Craignant le pire, une vendeuse voulut intervenir ; mais Manon se redressa et me chuchota :

— Souviens-toi de ta promesse : jamais sur un lit...

— Alors où ?

— Dans ton arbre ! me répondit-elle le sourire au bord des lèvres, là où tu étais quand je t'observais.

Nous filâmes à la Mandragore à bicyclette, moi sur

mon vélo rouge, Manon sur le sien. Elle me fit redécouvrir les chemins que connaissent les écoliers de la région. Un instant, je crus que mon nez avait senti un parfum de mimosa ; mais cette odeur ne flottait que dans ma mémoire. Mon odorat demeurait anéanti.

Manon s'arrêta au sommet d'une colline, essoufflée. Son visage s'assombrit et deux rides apparurent sur son grand front.

— J'ai un fiancé, tu as une femme...

— En effet, dis-je avec détachement.

— C'est tout ce que tu trouves à dire ? On vient tout de même de faire une connerie.

— Ma femme a épousé un type qui ne m'intéresse plus.

— Mais moi j'aime beaucoup Bertrand ! Et je ne veux pas d'une double vie. D'ailleurs je ne sais pas ce que je fais là avec toi. J'ai perdu la tête aujourd'hui. Tu m'as embobinée avec tes histoires de gamins. Moi j'ai envie de croire au mariage. On arrête tout, tout de suite.

— Je t'adore quand tu dis le contraire de ce que tu souhaites.

— Ecoute-moi bien, petit mec, désormais tu peux me donner mille rendez-vous, je n'y viendrai pas.

— Mais si, tu rappliqueras ! Et en courant !

— Tu es d'une prétention... sois un peu moins sûr de toi.

— Manon, tu aimes faire ça avec moi.

— Prétentieux... et le pire, c'est que tu as raison !

J'ai la *reconnaissance du ventre*...

Quelques côtes et trois descentes plus tard, Manon me fit l'amour dans mon arbre, à cinq mètres du sol. Chacun de ses coups de reins aidait le Petit Sauvage à renaître, me restituait un peu de ma *radioactivité*. L'incohérence de mon comportement avec mes propos habituels sur le mariage augmentait encore mon désir et mon sentiment de libération. L'avocat de la fidélité n'était vraiment lui-même que dans l'adultère ; mais cette infidélité avait un parfum particulier car la femme qui haletait sous moi avait les traits de Madame de Tonnerre et nous nous trouvions dans le pin parasol de mon enfance, celui d'où je l'avais tant admirée. Si le Petit Sauvage avait pu imaginer qu'elle monterait un jour sur sa branche pour se livrer avec lui à de tels excès... Dans l'inconfort de notre position, nous voyageâmes long-temps vers le plaisir.

— Manon... murmurai-je, je triche depuis le début. Je te dois la vérité.

— Quoi ?

— Tu n'as jamais deviné pourquoi le Petit Sauvage passait tant de temps dans cet arbre ?

— Non.

— Quand tu m'observais de ton séquoia, en face, j'étais posté là pour contempler ta mère.

— Maman ? ! fit-elle, effarée.

— J'en étais dingue.

Elle demeura muette.

— Tu lui ressembles tellement, ajoutai-je.

— Tu viens de faire l'amour avec qui ? demanda-t-elle froidement.

— Tu préfères une réponse agréable ou qu'on continue à se dire la vérité ?

— Salaud.

— Quoi, salaud ? Et toi, avec qui étais-tu il y a

cinq minutes ? Avec moi ou avec le souvenir de ton premier amour ?

— Tu veux vraiment le savoir ? Eh bien oui, j'étais avec le Petit Sauvage ! Mais moi j'ai au moins la délicatesse de te le cacher.

— Je ne te demande pas de me préserver ! Les mensonges, j'en ai ma claque. Merde, si on n'est pas vrai l'un avec l'autre, avec qui le sera-t-on ?

— Alexandre, à quoi ça sert de se faire mal ?

— Si tu as envie de demi-sentiments, d'eau tiède, tu peux partir tout de suite. Ne compte pas sur moi pour éviter les grandes émotions, bonnes ou mauvaises. Je veux être vivant ! Aussi vivant qu'un gosse dans une cour de récréation.

Silencieuse, Manon me regarda quelques instants et m'embrassa.

— J'ai la nostalgie de ma cruauté et de ma générosité d'autrefois... murmurai-je dans son cou.

Une voix retentit dans le jardin des Tonnerre. Un homme appelait Manon.

— Bertrand... dit-elle gênée.

Elle rajusta sa jupe, descendit de l'arbre avec précipitation et me lança :

— Commence la cabane sans moi. Je te déteste, tu m'emmerdes, mais c'est vrai que j'aime faire ça avec toi.

Manon disparut.

Je fus alors gagné par une sensation d'étouffement que je n'avais plus éprouvée depuis plus de vingt ans. L'asthme du Petit Sauvage réapparaissait dans mes bronches d'homme. Ce retour inattendu d'une affection de mon enfance me bouleversa. Gêné dans ma respiration, je pleurais de bonheur. Mon corps se souvenait de ces crises légères qui saisissaient le Petit Sauvage quand il se sentait abandonné, à chaque départ de ses parents pour l'Afrique, ou certains soirs de solitude au Collège Mistral.

Caressé par le vent, je repris peu à peu mon souffle et retournai à la Mandragore, gorgé de sève. J'entendais saborder ma vie parisienne, ne plus me laisser la possibilité d'un repli. Au diable la prudence ! Je voulais redevenir indéterminé, ne plus être comme *obligé* par mes choix antérieurs.

Que Manon eût dans l'esprit d'épouser Bertrand m'était douloureux ; mais il n'entrait point dans mes intentions de la lui souffler. Je ne proposais à Manon aucun avenir, seulement un présent, pas une maison mais une cabane nichée dans un arbre. Je désirais jouer gaiement notre amour, rire, évoluer toujours avec elle dans l'imprévisible et, surtout, ne jamais altérer la légèreté de notre commerce. Tomber à nouveau dans la gravité de l'engagement me terrifiait. Etais-je puéril ? Bien sûr ! diront les grandes personnes amorties, les faux sages englués dans l'adultie. Et alors ? répondait le Petit Sauvage au fond de moi, est-on né pour mûrir si mûrir signifie se résigner à toutes les scléroses qui frappent les sentiments ? La véritable maturité n'est-elle pas de s'enfanter chaque jour ? Vive le mouvement ! Je revendiquais ma puérilité exigeante et n'aspirais qu'à un seul rôle, celui de l'Amant.

Je comprenais soudain l'élan des garçons et des filles qui se grisèrent de vociférations sur les barricades de mai 68. Comme ils eurent raison, par-delà le grotesque de leur rhétorique, de vouloir désorganiser le monde des grandes personnes ! Quel printemps dans nos sociétés engourdies ! Que ces fils et ces filles d'une société riche crachassent sur l'opulence était certes ridicule ; mais j'admirai tout à coup leur refus brutal, net, de se faire anesthésier, leur lyrisme aussi dérisoire que touchant, leur révolte devant l'immense ennui de l'existence qu'on leur réservait.

Au fond, mon dessein équivalait à une sorte de mai 68 intime.

Dans le salon de Tout-Mama, je tombai sur Monsieur Louis qui piaffait. La coupure de ma ligne téléphonique avait dû l'agacer. La mine grave, flottant dans un costume de flanelle grise qui nageait autour de son corps chétif, il se tenait devant une table sur laquelle il avait étalé des dossiers ouverts. Des courbes et des graphiques s'affolaient sur des feuilles quadrillées.

— Monsieur Eiffel, articula-t-il avec componction en retirant ses lunettes, l'emprunt que vous avez contracté pour acquérir cet hôtel est en complète contradiction avec la politique de désendettement que nous menons depuis trois ans. Votre désinvolture — je ne trouve pas d'autre mot — déséquilibre gravement votre bilan.

— Enfin de l'imprévu !

— Pardon ?

— Qu'est-ce que vous buviez pour le goûter, à huit ans ?

— Je vous parle de VOTRE bilan, lâcha-t-il irrité.

— Du lait ou du thé ?

— Un verre de lait, pourquoi ?

Je filai dans la cuisine et revins avec deux tasses, une bouteille de lait, du pain et du chocolat.

— Monsieur Louis, je pense que... que vous devriez recommencer à goûter.

Je lui versai une tasse de lait et la lui proposai. Dérouté, il la saisit. Je commençai à croquer une barre de chocolat.

— C'est important le lait, continuai-je.

— Il faut revendre cet hôtel, tout de suite !

— Prenez plutôt en notes ce que je vais vous dicter, et envoyez cette lettre aux rubriques spécialisées de plusieurs quotidiens.

Intrigué, Monsieur Louis sortit un bloc-notes et un stylo de son attaché-case.

— Monsieur, commençai-je, veuillez publier le texte suivant :

Madame Eiffel née Sauvage
a la douleur de faire part
du décès de son petit-fils
Alexandre Eiffel,
disparu en mer jeudi dernier.
Les obsèques auront lieu
dans la plus stricte intimité.

Ajoutez une formule de politesse et joignez un chèque pour le règlement.

Monsieur Louis avait cessé d'écrire.

— Si c'est une plaisanterie, elle n'est pas drôle.

— Ai-je l'air de plaisanter ? L'homme auquel vous croyez parler est mort aujourd'hui, entre les cuisses d'une femme. C'est tout frais. Il est bon que les gens qui l'ont connu soient au courant de son décès.

— A quoi jouez-vous ?

— Je désire être oublié par toutes les relations d'Alexandre Eiffel.

— Et votre famille ?

— Dites la vérité à ma tante.

— Et votre femme ?

— Je vous charge de notre divorce. Dites à Elke que l'homme qu'elle a épousé ne veut plus exister.

Soudain inquiet, Monsieur Louis me dévisagea :

— Vous n'allez pas faire de bêtises, au moins.

— Si, plein de bêtises ! m'exclamai-je en souriant.

— Et le bilan ?

— Je vous vends LES CLÉS EIFFEL. Vous me paierez sur vingt ans.

— Ecoutez, je crois qu'il vaut mieux qu'on reparle de tout ça plus tard, la tête froide. Prenez le temps de la réflexion.

— La prudence ne m'intéresse plus. Je veux vivre illico. Si vous êtes preneur, préparez le contrat de vente. Sinon trouvez un acquéreur.

Encore sous le choc, il me dévisagea.

— Je ne vous reconnais plus.

— Vous ne pouviez pas me faire de plus beau compliment.

— Vous êtes dingue, ou quoi ? dit-il soudain.

— Non, ce sont les autres qui sont fous de ne pas écouter le gosse qui est en eux.

Je lui tendis la main droite, me repris et lui offris ma main gauche.

— Au revoir, Monsieur Louis. Je peux compter sur vous ?

— Oui, fit-il à regret.

Il me serra la main. Je le raccompagnai jusqu'à la porte d'entrée et lui dis avec sincérité :

— Je vous souhaite de tromper votre femme. L'adultère, il n'y a que ça de vrai.

Monsieur Louis posa sur moi un regard désemparé, remonta dans sa voiture et disparut au bout de l'allée, dans le monde des grandes personnes. J'eus alors le sentiment qu'Alexandre Eiffel commençait à dépérir, et cette sensation ressemblait à un grand soulagement ; mais la renaissance du Petit Sauvage n'était pas encore assurée.

Je montai sur mon vélo rouge, pédalai jusqu'à la poste du village voisin et consultai des annuaires pour retrouver les adresses des membres de la Société des Crusoé. J'hésitai un instant à rechercher celle de M., le félon ; puis je jugeai sa faute trop scélérate pour qu'il pût prétendre être toujours un Crusoé. J'écrivis ensuite le même petit mot à Tintin et aux jumeaux, Philo et Pierre :

RENDEZ-VOUS
MÊME LIEU, MÊME HEURE,
LE 2 JUIN.

Société des Crusoé.

Le 2 juin était la date du lendemain. J'étais pressé de

renouer avec mes rêves d'enfant et ne voyais que de la sagesse dans ma décision de rompre les derniers liens qui m'amarraient encore à ma vie de grande personne. Les seuls engagements auxquels je me sentais tenu étaient ceux que le Petit Sauvage avait contractés, avec autrui... et envers lui.

En fin de journée, j'avais réuni le matériel nécessaire pour entreprendre la construction de la cabane ; mais Tout-Mama insista pour que je l'accompagne au cimetière. Ses gambettes de nonagénaire la soutenaient encore fort bien. Elle ne redoutait pas les longues promenades.

Nous partîmes tous les deux. Elle s'appuyait légèrement sur mon bras, moins par nécessité que par goût, ainsi que je l'avais vue faire avec mon père. Je sentais qu'elle avait le sentiment de marcher au bras de son fils, Pascal.

Après une heure de promenade dans les garrigues, nous pénétrâmes dans le cimetière où les Eiffel avaient coutume de venir dialoguer avec leurs morts. J'y entrai pour la première fois depuis que mes parents m'avaient abandonné sur terre. Voir leur tombe m'avait toujours paru inutilement pénible. Je préférais me bercer dans l'illusion qu'ils n'étaient qu'absents et qu'un jour ils reviendraient m'étreindre.

— Salut Gustave, lança Tout-Mama avec simplicité en passant devant le monument érigé à la mémoire de notre aïeul.

Puis elle me dit sur un ton de confidence :

— Tu sais pourquoi il a construit la Tour Eiffel ?

— Non.

— Pour réapprendre aux grandes personnes à s'étonner. Mais ne le répète pas. C'est un secret de famille.

Tout-Mama s'arrêta devant une sépulture, celle de son époux qui s'était fait inhumer avec ses sept perruques ; mon grand-père craignait qu'un esprit railleur ne découvrît ses postiches après sa disparition. La vieille figure de Tout-Mama se froissa de douleur. Des larmes coulèrent le long de ses rides, une cascade de tristesse. Je la serrai dans mes bras, ma petite grand-mère.

— J'ai tellement aimé Polycarpe. Je l'ai beaucoup trompé, avoua-t-elle soudain, mais je l'ai tellement aimé...

Je caressai ses cheveux blancs.

— Il n'y a plus d'hommes, il n'y a plus d'hommes... répéta-t-elle avec désolation.

Depuis qu'elle était veuve, plus aucun monsieur n'avait partagé son lit. Elle s'était mise à dormir avec une bouillotte, par nostalgie de la chaleur d'un homme ; et, parfois, elle passait du papier de verre sur ses épaules nues afin de retrouver la sensation d'être frôlée par un menton mal rasé.

Devant sa douleur, j'eus l'idée de lui envoyer une lettre d'amour anonyme tournée de façon à illuminer sa vieillesse. Son gros cœur de femme avait soif de passions extrêmes, d'exaltation et de romantisme à quat'sous. J'étais disposé à lui offrir ces palpitations, d'ultimes instants de trouble.

Non loin se trouvait une grande dalle de marbre rose ombragée par un pin parasol.

Tout-Mama m'y conduisit en séchant son visage.

Sur le marbre était gravé :

IN MEMORIAM
PASCAL et FANOU
(1929-75) (1930-77)
EIFFEL

Les parents du Petit Sauvage ne reviendraient donc
jamais de leur grand voyage.

Tout-Mama me susurra en me serrant la main :

— Ils resteront toujours jeunes, toujours beaux,
toujours amants.

Il n'y avait donc que l'amour pour vaincre le temps.

Les grosses racines du pin parasol plongeaient sous la
tombe, comme si elles eussent voulu se nourrir de la
chair de mon père et de ma mère. A l'autre bout de
l'arbre, au-dessus de la sépulture, j'aperçus un essaim
d'abeilles accroché à une branche. Le bourdonnement de
la vie emplissait l'air.

Ce soir-là, je m'assoupis dans mon lit avec volupté, me laissai flotter dans un demi-sommeil et, sans le secours d'un dormitif, tombai dans les bras de Morphée.

Cet événement d'apparence anodine me procura un vrai bonheur. Je ne m'étais plus endormi sans somnifère depuis des lustres. Alexandre Eiffel ne connaissait que le lourd sommeil chimique qui ne déleste jamais complètement du fardeau d'une fatigue accumulée.

Je m'offris donc une ronflette digne de celles du Petit Sauvage, profonde, réparatrice et peuplée de vrais rêves. Quel dodo !

Le lendemain matin, je bondis de mon pucier aux aurores, tel le Petit Sauvage les lendemains de Noël, et me précipitai dans le salon pour ouvrir avec jubilation les caisses de mon train électrique. La livraison avait eu lieu dans la soirée.

Je ne m'étais plus éveillé aussi tôt spontanément depuis au moins vingt-cinq ans. J'avais envie de jouer, moi qui trois semaines auparavant n'étais traversé par aucun appétit, aucune envie, aucun élan. Ma décision de bazarder mon entreprise et de rendre à Elke sa liberté m'avait donné le sentiment d'être en grandes vacances ; et puis j'étais amoureux, fou amoureux, fou, fou ! Cette seule disposition de mon cœur aurait suffi à m'enfanter, tant il est vrai que la passion éloigne de l'adultie.

Dans le grand salon, je trouvai des piles de linge repassé. Tout-Mama ne s'était pas départie de son habitude de se lever à deux heures du matin pour expédier les tâches ménagères qui la rasaient. Elle se recouchait ensuite. Cela lui permettait de couler des journées entièrement consacrées au plaisir.

J'installai les commandes du circuit dans le hall et posai les rails à travers tout le rez-de-chaussée. C'est ainsi que le Petit Sauvage prenait possession de la Mandragore. Avec une joie sans mélange, je raccordai les aiguillages, prolongeai des lignes, jetai des ponts entre des radiateurs. Marcel m'observait en remuant la queue.

— Le Petit Sauvage, tu es un fou ! répétait Lily.

Quand mon train électrique fut monté, je m'attelai à la construction de la cabane dans l'arbre du Petit Sauvage. Je souhaitais que les travaux fussent bien avancés quand Manon me rejoindrait.

Le plancher fut bientôt assemblé et fixé. Mes mains — surtout la gauche — recouvraient peu à peu leur dextérité d'antan pour nouer des cordages, manier la scie et le marteau. Si l'un des banquiers des CLÉS EIFFEL m'avait aperçu torse nu, sifflant, clouant, il aurait sans doute cru avoir affaire à un autre que moi. Ma raideur me quittait. Mon dressage social s'estompait.

J'allais descendre du pin parasol pour prendre mon petit déjeuner avec Tout-Mama — ma fringale était de celles qu'on ressent à huit ans — quand un hululement retint mon attention. Peu à peu, je compris qu'il provenait... du séquoia qui se dressait devant mon arbre ! Telle la petite Manouche, Manon était en train de me guetter, dissimulée derrière les branchages.

Je sautai sur le sol et me rendis sous le séquoia. Manon se trouvait effectivement à quelques mètres au-dessus de ma tête, à califourchon sur une grosse branche, vêtue d'une robe légère. Deux grosses boucles d'oreilles brillaient sur ses lobes.

— Tu montes ? me lança-t-elle.

J'escaladai l'arbre dans sa direction. Elle s'enfuit un peu plus haut en riant. Ses jambes nues m'asséchaient la gorge. Je la poursuivis. Elle prit de l'altitude. Je grimpai avec plus d'empressement. A chaque fois, elle se dérobait. Le chat, la souris. Plus elle m'échappait, plus mon désir s'emballait.

Quand nous atteignîmes le sommet de l'arbre, elle s'écria avec joie :

— Le Petit Sauvage, dans MON arbre !

Avec gourmandise, elle me bascula dans une position follement périlleuse qu'il serait déplacé de peindre avec précision. La houle de son ventre, son ardeur fascinante, son goût immodéré pour certaines inventions acrobatiques, sa grâce dans l'abandon, tout cela ensemble me plongea dans un insondable contentement des sens. Lorsque, dans le plaisir, mes paupières se baissaient, Manon m'assenait à chaque fois une claque en répétant :

— Ouvre les yeux ! Tu es avec Manon ! Manon ! Manon !

Son septième orgasme — incroyablement sonore, digne du sifflement d'une chaudière de locomotive à vapeur — mit un point final à nos ébats aériens.

— J'ai faim... murmura-t-elle. On va voler des cerises chez le père Clamens ?

— Il vit toujours ?!

— Oui. Allez, on y va ! Elles sont sucrées en ce moment.

Le père Clamens, un vieux paysan au naturel acariâtre, possédait quelques dizaines de cerisiers que les gamins de la région pillaient tous les ans. Le Petit Sauvage et Manouche avaient fait partie des escouades d'écoliers qui s'abattaient chaque été sur son verger. L'entreprise présentait quelques risques. Le vieux Clamens, un ancien d'Indochine, montait la garde d'un œil — il était borgne — avec une pétoire chargée de gros sel et un clebs aussi stupide que sanguinaire.

112

Nous gagnâmes son verger à vélo. J'avais emporté mon lance-pierres afin de couvrir notre éventuelle retraite. Manon me fit la courte échelle pour franchir le mur ; je lui tendis ensuite la main. J'avais oublié mes trente-huit ans. La frousse terrible qui me saisit en m'avançant sur cette terre interdite me transportait loin de l'adultie.

— Fais gaffe, me murmura Manon, il était souvent planqué derrière le muret.

Je jetai un caillou en direction du petit mur de pierres sèches.

— Il n'y a personne, chuchotai-je.

Je me retournai ; Manon n'était plus là. Je reçus une cerise dans l'œil.

— Tiens, mange, dit-elle.

Elle se trouvait déjà dans un arbre, en train de garnir ses poches de cerises sombres et grosses comme de petits abricots. J'essayai de la rejoindre ; quand une décharge retentit. Le derrière en feu, je me mis à glapir :

— Ah ! Je suis touché !

— Fini le tourisme, on déménage ! s'exclama Manon.

Un antique clébard accourut dans notre direction. Ses aboiements tenaient du rugissement et ses chicots étaient noyés dans un flot de bave. Nous n'eûmes que le temps de sauter par-dessus le mur pour échapper à sa fringale. Dans l'affolement, je n'eus pas la présence d'esprit de sortir mon lance-pierres.

— Ce n'est plus de mon âge, soufflai-je.

— Monte sur ton vélo et détale, vieillard !

Je me mis à pédaler en danseuse pour épargner mon fondement. Nous nous enfuîmes dare-dare sur un chemin rocailleux. Quand nous fûmes hors d'atteinte, Manon passa devant moi, me fit une queue de poisson et freina brusquement. Je partis en vol plané dans un bosquet de bambous.

— Ah, tu es con ! grognai-je.

Elle riait.

— Allez, montre-moi ton derrière !

Elle examina mon fessier avec minutie et conclut que ma *blessure* n'était qu'une éraflure.

— Si on s'était fait piquer, on aurait eu l'air fin ! dis-je en reprenant mon souffle. A l'ombre, tout de suite ! Violation de propriété privée, et tutti quanti ! On n'est plus des galopins, elle est passée la barre des dix-huit ans !

— Calmos, fit-elle en m'enfourchant.

Il nous était difficile de ne pas nous accoupler quand personne ne nous surveillait. Nous ne le faisions pas vraiment exprès. Il y avait dans le frottement de nos chairs comme une nécessité, une urgence à laquelle nous ne pouvions pas échapper. Nos corps exigeaient leur dû.

— Merde ! s'écria soudain Manon, au moment où son plaisir paraissait sur le point de la terrasser.

— Quoi ?

— Mes boucles d'oreilles, j'en ai perdu une.

Contrarié dans son élan, mon sexe revint au point mort.

Et Manon de piailler, de paniquer, de s'agiter. Ses boucles d'oreilles lui venaient de sa grand-mère qui elle-même les tenait...

— ... un bijou étrusque !

Je dus compatir, paraître affligé et retourner avec elle sur nos traces, fouiller le moindre taillis. Trois heures durant, nous fouinâmes en vain. Manon ne s'avoua vaincue par le sort qu'après avoir soulevé tous les cailloux du sentier que nous avions emprunté.

Sur le chemin du retour, nous traversâmes un village qui roupillait sous le soleil de midi. Quelques très vieux attendaient la mort sur des bancs. D'autres, moins nombreux, tentaient d'oublier leur rendez-vous avec les ténèbres en taquinant le cochonnet. Mégot au bec, ils pétanquaient en silence.

Je pénétrai chez un marchand de journaux, achetai un quotidien du matin et l'ouvris.

— Qu'est-ce que tu regardes ?

— Si je suis bien mort... Oui, ça y est, c'est fait. On parle désormais de moi au passé !

Interloquée, Manon s'approcha et jeta un œil sur la rubrique nécrologique.

— Qu'est-ce que ça veut dire ?

— Monsieur Alexandre Eiffel n'est plus. C'est vrai puisque c'est dans le journal !

— Pour un fantôme, tu te défends bien... Non, sérieusement, qu'est-ce que ça signifie ?

— J'ai envie de jouer à être mort.

— Qu'est-ce qui te prend ?

— Si tu croisais la petite Manouche au coin de la rue, que penserait-elle de la femme que tu es devenue ?

— Du bien, je crois.

— Tu as de la chance, parce que si le Petit Sauvage rencontrait Monsieur Eiffel, il lui cracherait dessus ! Je ne veux plus être ce monsieur prévisible. Je l'ai tué aux yeux du monde, enfin du mien. Je vends mon entreprise, je divorce, je coupe les ponts, je me recommence, je renais ! Grâce à toi...

— Et... qu'est-ce que tu vas faire de ta vie ?

— La vivre, pour de vrai, bille en tête !

Je démarrai sur mon vélo rouge. Manon me suivit.

— Concrètement, ça veut dire quoi ?

— Vivre, ici et maintenant.

— Et moi, je fais partie de tes projets ?

— Non.

— Ah... fit-elle.

Dans son intonation, je sentis un dépit mal dissimulé.

— Tu n'en fais pas partie car je ne veux plus former de projets. J'ai brûlé mon agenda.

— Alors qu'est-ce qu'on fait dans les trente prochaines secondes ?

— On va pirater !! m'écriai-je en m'élançant dans une longue descente.

Mon existence ressemblait enfin à une escapade en enfance. Le mistral d'autrefois fouettait mon visage. Je me retrouvais presque dans la vérité du Petit Sauvage ; mais cette sensation demeurait précaire et imparfaite. Mon odorat restait en panne. Les seules senteurs qui m'étaient accessibles étaient les parfums que je reconstituais de mémoire, à la façon d'un musicien qui se souvient d'une cantate. Quand je humais une feuille d'eucalyptus, je ne jouissais que d'une odeur mentale que ne percevait pas mon nez. J'avais commencé à liquider Monsieur Eiffel, mais il me fallait encore franchir bien des étapes avant de ressusciter tout à fait le Petit Sauvage.

Je m'arrêtai devant une clinique, à l'entrée d'une bourgade.

— Cette clinique appartenait au Docteur Blanchot, dis-je à Manon.

— Elle a été reprise par son fils.

— C'était une famille amie de la nôtre.

Je racontai à Manon que le Petit Sauvage avait un jour eu vent des difficultés financières du Docteur Blanchot. Le pauvre homme manquait cruellement d'accidentés de la route, de jambes fracturées et autres traumatismes rentables. La saison avait été mauvaise. Nulle épidémie de grippe n'était venue conforter ses revenus ; à l'entendre, les virus n'étaient plus ce qu'ils étaient *dans le temps*. Les crises cardiaques se faisaient rares et l'hôpital lui volait *ses* cancéreux de façon déloyale. Touché par la détresse du Docteur Blanchot, le Petit Sauvage s'était embusqué devant la clinique avec son lance-pierres, derrière un mur, bien décidé à redresser promptement le chiffre d'affaires de l'établissement. Pour être honnête, j'avais surtout vu dans les déboires du vieux Blanchot une occasion de canarder les passants en gardant bonne conscience. Je ne lapidais mes victimes que pour la bonne cause. L'efficacité commerciale de mon initiative fut aussi spectaculaire que momentanée. Il y eut beaucoup de sang, mais les gendarmes me cueillirent au bout de deux jours...

— Le fils Blanchot est aussi dans le pétrin, à ce qu'on dit...

— On lui donne un coup de main ?

Il me plaisait de renouer avec la cruauté du Petit Sauvage.

Manon me sourit.

Nous nous planquâmes derrière un mur avec nos vélos. Je sortis mon lance-pierres et, pour me dérouiller, visai les porcelaines d'un poteau télégraphique.

— Ça pourrait être plus précis, mais ça devrait aller...

Cinq minutes plus tard, Manon me signala une vieillarde chargée de cabas qui trottinait dans notre direction.

— Non, tout de même... murmurai-je, elle est trop âgée.

Puis des gamins déboulèrent dans la rue.

— Non, chuchotai-je, ils sont trop petits.

Je compris alors que ma cruauté d'enfant m'avait quitté. Je ne prenais plus le moindre plaisir à l'idée de faire gémir mon prochain et me sentais incapable de tourmenter ne fût-ce qu'un insecte. Où étaient donc passés mes instincts ?

— Là, c'est un adulte, me glissa Manon, vas-y cette fois-ci.

Je bandai ma fronde à l'extrême, comme pour me prouver que j'étais encore digne de la férocité du Petit Sauvage, et lâchai l'élastique. L'innocent passant poussa un cri et chuta sur le trottoir, inanimé. Son visage saignait abondamment.

— Merde, merde, merde ! répétai-je en paniquant. J'ai la force d'un homme maintenant. On se tire !

Je jetai mon lance-pierres dans une poubelle, sautai sur mon vélo rouge et m'éloignai en toute hâte. Aussi blême que moi, Manon me collait aux fesses.

Haletant, je freinai soudain.

— On ne peut pas le laisser comme ça.

Assailli de remords, je fis demi-tour, ramassai l'homme ensanglanté et le portai sur mes épaules jusqu'aux urgences de la clinique, avec l'aide inefficace de Manon.

— Je l'ai trouvé devant chez vous, par terre,

inconscient, balbutiai-je en m'adressant à une infirmière.
L'homme recouvra ses esprits et me remercia chaleu-
reusement.

— Ce n'est rien, ce n'est rien... marmonnai-je
d'un air penaud.

L'examen qui suivit confirma son bon état général. Je
n'avais déchiré son arcade sourcilière que sur quelques
centimètres...   En sortant de la clinique, je me jurai de
surveiller davantage mes impulsions, de ne plus laisser le
Petit Sauvage me gouverner aveuglément. Cette extravagance devait être la dernière.

Sur la route, Manon me dit avec un sérieux qui ne lui
était pas habituel :

— Alexandre, ça ne m'arrange pas du tout mais...
je crois, enfin j'ai l'impression que...

— Quoi ?

— Je t'aime.

— Oui, et alors ? lui répondis-je en affectant une
désinvolture qui masquait mal mon affolement.

— Rien, je t'aime, simplement, répéta-t-elle
déroutée.

— On se voit demain ?

— Non, lundi. Je vais en Italie ce week-end, avec
Bertrand.

— Ciao ! lançai-je en bifurquant.

Je m'engageai seul dans l'allée qui mène à la Mandragore, sans l'embrasser.

La physionomie de Manon m'avait soudain inquiété.
Elle avait posé sur moi un de ces regards graves par
lesquels les femmes disent que leur inclination a quitté
les eaux claires du badinage pour entrer dans celles, plus

sombres, de la passion. Je ne souhaitais pas que la féerie dans laquelle nous baignions dégénérât en histoire d'adultes. Plus que jamais, j'entendais préserver notre liaison du piège du couple.

Un instant, je songeai au sort d'Elke, victime des mensonges que je m'étais si longtemps faits à moi-même. La malheureuse avait vraiment cru au personnage d'Alexandre Eiffel, à ses assertions péremptoires sur le mariage et l'engagement. Sans doute n'avait-elle jamais soupçonné que je me manipulais moi-même. Ma disparition sans préavis avait dû lui sembler inexplicable...

Etais-je une ordure, un inconstant inconsistant et un parjure ? Les couples que je fréquentais avec Elke ne manqueraient pas de l'insinuer, entre une partie de bridge et un match de polo. Pourtant j'étais bien autre chose : j'avais soif de sens. La vie ne pouvait se résumer à une somme d'habitudes, à une enfilade de moments creux. Je n'étais pas né pour mijoter dans un mariage aux petits oignons. Faire l'amour devait demeurer un vertige, une fête étourdissante ! Certes, j'avais dû porter une estocade sérieuse à Elke ; mais n'aurais-je pas commis un péché plus grand encore en continuant à n'être pas moi-même à ses côtés ?

J'avais rendez-vous avec les Crusoé, après le goûter que m'avait préparé ma grand-mère (des tartines à la gelée de groseille accompagnées d'un bol de chocolat...).

J'empruntai le bateau de Manon et gagnai le Collège Mistral en longeant la côte. Il fallait un *vaisseau* à la Société des Crusoé pour que notre rêve de gosses pût enfin prendre corps. Nous ne pouvions franchir à la nage la quinzaine de milles qui séparaient l'île du Pommier du continent.

Je m'interdisais de douter de la venue des Crusoé au rendez-vous que je leur avais fixé. Désormais mes DÉSIRS devaient façonner la réalité ! Que vingt-cinq années se fussent écoulées depuis notre serment me paraissait négligeable. Dans mon esprit, il était clair que mes anciens comparses s'embarqueraient sans barguigner pour l'île du Pommier, puisqu'il ne se trouvait plus d'adultes pour s'opposer à notre projet ; et si par extraordinaire l'un d'entre eux se montrait récalcitrant, je saurais trouver le baratin nécessaire pour le rappeler à ses engagements d'enfant !

J'entendais me défaire de la circonspection qui bridait le caractère d'Alexandre Eiffel. Le Petit Sauvage, lui, avait le secret de l'inconscience qui donne toutes les énergies et, parfois, fait plier le réel. Tout-Mama lui avait raconté à plusieurs reprises l'histoire de ce général

romain qui s'était emparé d'une citadelle réputée impre-
nable parce qu'il ignorait qu'elle l'était. Cet exemple
m'enthousiasmait à nouveau.

J'abordai le rivage du Collège à la tombée de la nuit.
Je ne portais plus de montre mais je sus que j'étais en
avance en jetant un coup d'œil sur le château. Les
fenêtres des dortoirs étaient encore éclairées ; or les
Crusoé ne se réunissaient dans *la grotte* qu'après
l'extinction des feux.

J'échouai le bateau, le tirai sur le sable et le dissimulai
derrière un rideau de bambous, à proximité de la plage ;
puis, telle une belette (l'animal totémique du Petit Sauvage), je me coulai en douce jusqu'à la rivière, me désha-
billai prestement et plongeai dans mes souvenirs.

Je ressortis dans *la grotte* dès le premier essai. Trouver
le passage m'était devenu naturel ! J'en éprouvai une
vive satisfaction. L'obscurité était presque totale. J'avais
oublié d'apporter un briquet pour rallumer les vieilles
bougies.

Quand, tout à coup, j'entendis derrière moi des clapotis qui résonnaient sous la voûte. Tapi dans le noir, un
homme reprenait sa respiration.

— Philo ? demandai-je avec anxiété.

Nous étions comme aveugles.

— Non, c'est Benjamin, enfin... Tintin. Salut à toi
Crusoé, dit-il en reprenant notre phrase rituelle
d'autrefois.

— Tintin ! m'exclamai-je en m'avançant vers
l'ombre qui sortait de l'eau. Salut à toi, mon vieux
Crusoé. C'est fou, ta voix n'a pas changé.

— Au Collège, j'avais déjà mué. Mais toi... tu es
Pierre ou Alexandre ? Ta voix ne me dit rien.

La nuit de la grotte était d'encre.

— Devine.

— On ne peut pas allumer ?

— J'ai oublié de prendre un briquet. Tu en as un ?

— Non, je n'ai plus fumé depuis la pension. C'est incroyable, je suis incapable de dire si tu es Alexandre, Philo ou Pierre.

— Si j'étais Pierre, qui crois-tu que je serais aujourd'hui ?

— En tout cas tu ne te serais pas marié ! Tu étais tellement timide, incapable de te déclarer.

— Et si j'étais Alexandre ?

— Alors là c'est du billard. Ta vie était toute tracée. Tu as épousé ta Madame de Tonnerre, ce que tu as pu nous emmerder avec cette bourgeoise, et tu es devenu Nez dans sa boîte.

— Je suis Alexandre.

— Alexandre ! Le Petit Sauvage...

Il me serra dans ses bras et murmura avec émotion :

— Le chef des Crusoé... Et alors, tu es Nez ?

— Non, je n'ai plus d'odorat. J'ai fini dans l'industrie de la clé, du verrou... Et toi ?

— Tintin n'est pas devenu reporter. Je vends des voyages que je ne fais pas, dans une petite agence à Marseille. Les autres globe-trottent pour moi... et je reste derrière un bureau.

Il y eut un silence. Tous deux, nous avions mis nos rêves de gosses au placard.

Un bruit d'eau dissipa notre impression nauséeuse.

— Les jumeaux ? Philo ? Pierre ? lança Tintin.

— C'est vous ? demandai-je.

123

— C'est Philo.

Après un court instant de silence, il ajouta :

— Pierre est mort, il y a vingt ans. Un accident de moto. Salut à vous, Crusoé.

Un frisson nous parcourut tous les trois. Je reçus cette nouvelle en plein front ; puis un sentiment étrange, inavouable, m'envahit. Je me surpris à envier le sort de Pierre qui, lui, n'avait connu aucun de ces renoncements qui sont les véritables défaites de la vie. Partir à vingt ans, quel privilège...

Philo toussota et dit :

— S'il avait vieilli, je crois qu'il m'aurait ressemblé. Alors, comme je suis là, il est un peu avec nous ce soir. Pourquoi vous n'allumez pas ?

— On n'a pas de briquet.

— J'en ai pris un.

On entendit un bruit qui laissait deviner que Philo déroulait un sac en plastique. Une étincelle apparut dans la nuit. Je retins mon souffle. J'allais brutalement découvrir mes amis d'enfance devenus adultes. La pierre du briquet joua à plusieurs reprises. Une flamme finit par se former ; elle diffusait une clarté qui projetait nos ombres immenses sur les parois.

Muets, nous nous dévisageâmes.

Nous étions tous trois en caleçon.

Le frêle Tintin s'était métamorphosé en un quadragénaire capitonné de graisse. Sa poitrine abondante était tapissée de poils drus ; on eût dit de la moquette. Une empilade de double, triple et quadruple mentons soutenait sa mâchoire. Des kilos de chairs molles encombraient son anatomie affaissée. La libellule gracieuse, virevoltante s'était changée en un crapaud placide, gorgé de bière.

Philo, lui, était sec comme un insecte, pourvu d'une abondante moustache et déjà fort dégarni. Seule une petite couronne de cheveux subsistait sur son crâne étroit. Une pomme d'Adam extraordinairement saillante nageait sous la peau blanchâtre de son cou de poulet. Ses joues osseuses étaient constellées de profondes séquelles d'acné. Pourtant, à treize ans l'épiderme de son visage n'annonçait pas une telle déroute esthétique.

A leurs yeux, je ne devais guère paraître mieux conservé.

Par une grâce inexplicable, je vis alors à travers leur apparence détériorée les gamins charmants qu'ils avaient été. J'aperçus le jeune Tintin frétillant dans l'homme pachydermique qu'il était à présent et distinguai en Philo le petit garçon aux cheveux longs qu'il n'était plus.

— Heureusement qu'il nous reste le sens de l'humour ! lança Philo en s'efforçant de dissimuler son émotion.

— C'est bien tout ce qu'il nous reste ! ajouta Tintin en riant.

— Vous vous êtes souvenus du premier rendez-vous ? demandai-je.

— Oui, mais je ne m'y suis pas rendu parce que... je pensais que vous l'aviez oublié, répondit Tintin.

— Moi aussi, dit Philo.

Tous les Crusoé avaient donc été fidèles, au moins par la pensée, à notre engagement pris un quart de siècle auparavant ! J'en fus bouleversé. Alexandre Eiffel, lui, n'y aurait pas songé s'il n'avait pas trouvé par hasard — mais était-ce bien le hasard ? — le document secret.

Ils constatèrent à leur tour avec bonheur que *la grotte* n'avait pas été redécouverte par les élèves du Collège.

— Tout est intact, murmura Philo en rallumant une vieille chandelle de la Société des Crusoé.

Je pris le cahier et les priai de s'asseoir à la place qui avait été la leur, sur nos sièges faits de pierres plates. Celui de Pierre resta vide ; mais à travers son frère, il n'était pas totalement absent. Emu, je commençai à lire :

— *A lire en l'an 2000, le jour où les Crusoé se réuniront...*

Ils écoutèrent la lettre du Petit Sauvage sans m'interrompre, à la lueur des bougies de leur enfance. Quand je l'eus terminée, nous laissâmes passer un ange.

— Je ne sais pas pour vous... mais moi, je ne suis plus trop radioactif... avoua Tintin.

— Eh bien moi je le suis ! s'exclama Philo. Depuis la mort de mon frère, je vis pour deux. Tous les matins, j'essaie de me faire rire quand je me regarde dans le miroir de ma salle de bains.

— C'est quoi ton boulot ?

— Je mène une vie d'aventurier, dit Philo, une vie de James Bond d'opérette, je suis paparazzi ! Je *planque* les stars, je me déguise avec de fausses barbes, je saute dans des avions, j'enquête en douce. Et crac, je prends une photo indiscrète ! Par ici la monnaie !

— Mais c'est ignoble, lâcha Tintin.

— C'est vrai. D'ailleurs j'en souffre. Mais... moi au moins je vis, je ne me *sens obligé* par rien, je joue du matin jusqu'au soir. Après tout, je ne suis pas plus amoral qu'un gosse.

— Bon, les Cruso, qu'est-ce qu'on décide ? On part quand dans l'île ?

Il y eut à nouveau un silence.

Tintin bredouilla qu'il n'était venu à ce rendez-vous que par nostalgie. Il avait une épouse devant qui il devait justifier ses absences, des loupiots qui l'avaient rendu père, une carte d'adhérent à un parti politique et ne se voyait pas jouer à Robinson Crusoé sur une île déserte.

— Et ton serment ? répliqua Philo.

— Ecoutez, on avait treize ans. Soyez sérieux, les mecs. On aurait l'air de quoi ? D'une bande d'attardés. Non mais, vous nous imaginez avec des peaux de bêtes et des lance-pierres, dormant dans une cabane ?

— Et à treize ans, tu t'imaginais le cul vissé à un tabouret en train de vendre des billets d'avion dans une agence de voyages, de neuf heures du matin à six heures du soir ? lui demandai-je calmement.

— Merde, ce n'est pas tous les jours qu'on a l'occasion de vivre un rêve de gosse ! s'exclama Philo.

— Mais je ne suis plus un gosse.

— Tu n'en as pas honte ?

— Il n'y a plus d'adultes pour nous en empêcher, il faut en profiter, poursuivis-je.

— Je n'ai pas de congés, moi, en ce moment, fit Tintin.

— Alors on y va ce week-end !

— Mais ma femme, qu'est-ce que je vais lui dire à ma femme ? Si je raconte la vérité à Liliane, elle ne me croira pas ; et si je lui mens, elle va penser que je la trompe. Et puis si ça se sait, j'aurai l'air de quoi ?

— Tu sais Tintin, murmurai-je, il y a vingt-cinq ans tu étais un des rois du dortoir, tu sautais dans les flaques d'eau. Aujourd'hui tu me fais pitié avec ta Liliane qui te tient en laisse. Tu as une gueule de prudent, de mec prévisible, de contribuable obéissant, de mari bien dressé. Tu es exactement le genre de type que tu méprisais quand tu avais treize ans. Alors si tu veux la revoir, ta radioactivité, tu as intérêt à venir faire le Crusoé. On ne va pas dans cette île pour jouer au boy-scout, on y va pour être une fois dans notre vie digne du gamin qu'on a été. Tu piges ?

— Et puis pour rigoler ! lâcha Philo.

— Bon, bon... marmonna Tintin.

— Quoi, bon, bon ?

— Je... je viens. Mais seulement ce week-end.

— En attendant, les Cruso, lança Philo, moi j'ai envie d'aller jeter un œil dans la pension. On va revoir le dortoir ? En douce.

— T'es fou, répondit Tintin. On n'est plus des enfants. Si on est chopés, on devient des clients pour les flics. Effraction, et tout !

— T'inquiète ! rétorqua Philo. L'effraction, ça me connaît. J'en ai sauté des murs dans mon boulot. On ne m'a jamais serré.

— Et puis les serrures, moi je sais les ouvrir, dis-je en souriant. J'en ai tellement fabriqué.

— Qui m'aime me suive !

Philo plongea dans la rivière. Je le suivis. Nous fîmes surface à l'extérieur. Tintin apparut derrière nous quelques secondes après.

— Eh, attendez les mecs !

Nous filâmes ventre à terre en direction de la salle de bio-chimie où, jadis, les Crusoé se réunissaient nuitamment, à l'époque où *la grotte* n'avait pas encore été découverte. Cette pièce située au rez-de-chaussée offrait trois avantages. Elle se trouvait assez loin des chambres des *sifflets*, entendez les surveillants. Ses grandes fenêtres permettaient d'aérer facilement la classe après que les Crusoé y avaient fumé avec délectation des *cigares* qu'ils fabriquaient eux-mêmes en récupérant de vieux mégots jetés par les professeurs. Le dernier atout de cette salle n'était pas le moindre : elle contenait d'importantes réserves de fioles d'acide et de flacons contenant diverses substances que nous utilisions sous la direction de Pierre, le jumeau défunt. Pierre avait reçu de ses parents un jeu éducatif qui nous fascinait tous : *Le coffret du petit chimiste*. Il avait eu l'excellente et périlleuse idée d'apporter clandestinement au Collège le mode d'emploi du fameux coffret. Dans le laboratoire, la nuit, nous pouvions donc à loisir réaliser certaines *recettes*. C'est ainsi qu'à chaque réunion de la Société, Pierre nous concoctait un litre d'une soi-disant limonade qui dégageait une fumée jaunâtre et possédait un goût voisin de ce que j'imaginais être le goût de la dynamite. Un seul verre de ce breuvage diabolique nous ravageait la tripaille pendant huit jours mais nous en raffolions.

— Eh, les mecs ! murmura Tintin, on ne se rhabille pas ?

— Pourquoi ? lui demandai-je. Il fait chaud.

— On ne va tout de même pas entrer dans le Collège en caleçon.

— En caleçon, on sera tous égaux, comme autrefois, dit Philo. Pas de différences de milieu.

— Et si on se fait piquer, on aura l'air fin ! continua Tintin.

— De toute façon, un peu plus ou un peu

moins... lui répondis-je en me penchant sur la serrure de la porte-fenêtre du laboratoire.

Puis je me tournai vers Philo.

— Allume ton briquet, je n'y vois rien.

A la lueur de la flamme, je pus alors lire la marque de la serrure : EIFFEL...

— Philo, Tintin ! C'est incroyable, c'est une serrure Eiffel !

— Qu'est-ce que tu veux dire ?

— C'est moi qui l'ai conçue, dessinée et fait fabriquer dans mon usine.

— Ah ben ça alors...

En un tour de main, à l'aide d'un vieux clou, je l'ouvris sans la brutaliser. La gorge et le ressort demi-tour demeuraient intacts. Même un serrurier astucieux n'y serait pas parvenu.

— Pour une fois que mon métier me sert à quelque chose de vraiment utile... murmurai-je en poussant la porte.

Nous échangeâmes un regard, tandis qu'une peur d'enfant s'insinuait dans nos veines, la grande trouille d'être surpris par un *sifflet* ; et cette angoisse nous catapultait vingt-cinq ans en arrière.

— Si on est pincés, on aura l'air fin... répéta Tintin, la gorge nouée.

Philo pénétra le premier dans notre classe. Tintin et moi le suivîmes. Les tables carrelées brillaient toujours dans la clarté lunaire. Sur les étagères, des bocaux, des pipettes, des cornues et des fioles étaient rangés aux mêmes emplacements. Tout était là, même James Dean, le squelette. Sans doute avait-il été rebaptisé par les nouveaux élèves ; mais à nos yeux, c'était bien James

Dean qui nous toisait, avec cet air perpétuellement goguenard.

— Salut Dean, lança spontanément Philo.

Emus, nous nous assîmes machinalement chacun à *notre place*, sans parler. Je passai une main sous la table, ainsi que le Petit Sauvage le faisait pour coller ou récupérer le chewing-gum usé qu'il mâchouillait inlassablement. Mes doigts rencontrèrent un vieux chewing-gum durci. Etait-ce l'un de ceux du Petit Sauvage ? Non, bien sûr ; mais l'envie folle de le mettre dans ma bouche me traversa l'esprit.

Tintin se racla la gorge et lança :

— Quelqu'un se souvient de la recette de la limonade ?

— C'était Pierre qui la connaissait... dis-je en baissant les yeux.

— On va la retrouver, affirma Philo. Et on trinquera en souvenir de mon frère !

Philo saisit quelques flacons d'acides et commença à concocter au jugé la fameuse *limonade* des Crusoé. Nous avions devant nous l'image de l'homme que Pierre aurait pu devenir, en train d'agiter une bouteille de *limonade*. Un instant, il me parut moins mort. La frousse d'être tancé par un *sifflet* me maintenait dans cette fébrilité qui était l'état naturel du Petit Sauvage. C'était bien mon cœur d'enfant qui battait la chamade dans ma poitrine.

Philo versa son mélange dans trois tubes à essais en murmurant :

— Et voilà les coupes à limonade...

— Tu es sûr de la formule ? demanda Tintin inquiet.

131

— C'est dingue, ça m'est revenu, comme ça...
L'atmosphère, la nostalgie... et hop ! Ma mémoire
s'est réveillée.

Nous levâmes nos tubes à essais.

— A Pierre ! lança Philo en jugulant son émotion.

— A Pierre, dis-je avec Tintin.

Nous trinquâmes. Dans le choc, une goutte de *limonade* s'échappa de mon tube, tomba sur une table et la
transperça ! Je m'approchai, pour m'assurer que je
n'étais pas victime d'une hallucination.

— Les mecs, il y a un trou. La limonade est
passée à travers le bois !

Nous jetâmes tous un regard inquiet sur notre tube à
essais qui devait être plein d'un cocktail d'acides... puis
Tintin et moi fixâmes Philo.

Gêné, il haussa les épaules et dit :

— J'ai peut-être un peu forcé les doses...

— Bon, on arrête nos conneries, murmura Tintin
en vidant sa *coupe à limonade* dans un évier.

Philo et moi fîmes de même.

— On va voir le dortoir ? proposa Philo.

— On en a peut-être assez fait comme ça pour ce
soir, non ? rétorqua Tintin.

— On ne t'oblige pas...

Nous sortîmes sans bruit du laboratoire, en caleçon,
pour gagner le grand escalier. Tintin suivait le mouvement, comme toujours. Même si dans son jeune âge il
s'était parfois montré téméraire, il ne fut jamais de ceux
qui initiaient les *grands chahuts*.

Dans le vaste hall du Collège, nous passâmes devant le
monument aux morts des anciens élèves, un bas-relief en

bronze qui frappait l'imagination du Petit Sauvage. Le sculpteur avait représenté de façon saisissante un soldat à l'agonie entouré de ses rejetons en larmes. Je me souvins fort bien m'être dit à sept ou huit ans, en contemplant cette scène édifiante : *mon Dieu comme il doit être désagréable d'avoir un papa mort...* Mais à l'époque la mort n'était qu'un petit mot creux, un prétexte pour construire des monuments. Ne cassaient leur pipe autour de moi que les héros de cinéma, la sinistre grand-mère d'un binoclard vicieux qui avait redoublé sa classe de sixième et les cafards que nous écrasions dans le couloir qui menait à la cantine. Les papas, eux, avaient cessé de mourir puisqu'il n'y avait plus de guerres.

Faute de conflits suffisamment meurtriers, la direction du Collège Mistral avait pris en 1975 l'étrange décision de faire graver sur le monument les noms des professeurs *tombés au champ d'honneur*, entendez décédés dans l'exercice de leurs fonctions ou des suites de cette épreuve, au cours de leur retraite. Monsieur Berthier, célèbre au Collège parce qu'il ne changeait de chemise qu'une fois par semaine, eut ainsi le privilège d'inaugurer cette nouvelle disposition. Latiniste, il avait eu le bon goût de succomber à une attaque cardiaque devant sa classe, en articulant le début d'un vers de Virgile qu'il ne termina jamais. Ses élèves s'étaient réjouis d'avoir connu un homme dont le patronyme était immortalisé dans le marbre.

Je restai seul un instant devant le bas-relief. Le soldat grabataire était toujours aussi admirable de courage et sa progéniture ne semblait guère s'être consolée. Etrange destin que celui des statues qui pleurent, embrassent, crient ou lèvent le bras pendant des siècles, sans jamais se reposer... La liste des défunts s'était allongée sous le nom de Gabriel Berthier :

Lucette Miro (1928 — 1992)
Chantal Bouvier (1940 — 1996)
Robert Pilonard (1934 — 1998)
Jacques Merlot-Vitochon (1932 — 1999)

On trépassait jeune au Collège Mistral...

Tintin s'arrêta derrière moi et dit en guise d'oraison funèbre :

— Oh, Merlot-Vitochon, il a glissé... et il a loupé le siècle, de justesse.

— C'est vrai qu'il était drôle Vitochon, ajouta Philo. En tout cas, le seul qui sera toujours là dans cinquante ans, c'est James Dean !

Philo ne pouvait se retenir de plaisanter quand la mort des autres l'effleurait. Celle de son jumeau lui était trop proche, et le serait toujours.

— Bon allez, fit-il, on n'est pas venu là pour compter les cadavres.

J'allais m'engager dans le grand escalier quand nous entendîmes du bruit, un claquement de porte. Recouvrant en une seconde nos réflexes de collégiens, nous nous planquâmes aussitôt dans le vestiaire.

Une sexagénaire sanglée dans une robe de chambre traversa le hall, une tasse de café à la main ; puis elle gravit d'un pas mécanique les marches qui montaient aux étages. Je la reconnus à l'anxiété que réveillait en moi son pas sonore d'automate.

— L'Esprit de l'Escalier... murmura Tintin en tressaillant.

Nous surnommions ainsi la redoutable Mademoiselle Rabutin, une vierge fielleuse qui avait pour mission de veiller au maintien de l'ordre dans les dortoirs du premier et du second étage. Toutes les nuits, elle déambulait dans les escaliers. Tromper sa surveillance tatillonne exigeait des trésors de malice. A chaque escapade nocturne, nous craignions tous de tomber entre ses mains moites, pour deux raisons. La première était qu'il nous amusait d'être effrayé ; il n'est pas de véritable Aventure sans péril, fût-il imaginaire. Quand elle nous cueillait, il était donc d'usage de raconter ensuite à nos camarades qu'elle s'était livrée sur nous à des supplices dits *asiatiques* ; prononcer ce mot garantissait une compassion considérable et une gloire durable. La soi-disant victime était aussitôt regardée comme un authentique rescapé. La seconde raison, plus prosaïque, était que l'Esprit de l'Escalier était effectivement sujette à des accès de sadisme. Mais les tortures *asiatiques* qu'elle nous infligeait n'allaient jamais au-delà de quelques coups de règle assenés sur l'extrémité des doigts.

Sur la pointe des pieds, nous suivîmes l'Esprit de l'Escalier. Bien entendu, Tintin râlait à voix basse :

— Si elle nous gaule, on aura l'air malin en caleçon...

Mademoiselle Rabutin frappa à la porte de l'ancienne chambre de Monsieur Bernay, notre professeur de gymnastique. Nous l'appelions Illico car ce costaud raffolait de ce mot qu'il accolait à chacun des ordres qu'il aboyait. Illico ouvrit ! Caché dans un renfoncement de porte, je l'aperçus nettement. Il n'était pas trop esquinté par les années ; mais sa corpulence ne m'impressionnait plus. L'Esprit de l'Escalier s'approcha de lui et, contre

toute attente, l'embrassa sur les lèvres avec sauvagerie !
Puis elle disparut dans sa chambre.

Les Crusoé se regardèrent avec effarement. Nous
étions tous persuadés que l'Esprit de l'Escalier était et
demeurerait pucelle jusqu'à ce que mort s'ensuive.
Qu'elle pût s'accoupler avec Illico me semblait aussi
irréel que si le Petit Chaperon Rouge avait fait une
proposition lascive au Grand Méchant Loup.

Philo plaqua son oreille contre la porte de la chambre
d'Illico et dit, stupéfait :

— Et en plus, elle aime ça...

Profitant de ce qu'elle était occupée, nous poursui-
vîmes discrètement notre incursion jusqu'au dortoir des
Crusoé. En caleçon, rien ne signalait notre appartenance
à une caste sociale. Nous échappions, l'espace d'une
nuit, à ces distinctions qui, le jour, auraient fatalement
créé entre nous une invisible barrière. J'étais encore —
hélas — un patron d'industrie, Tintin occupait une place
modeste dans une agence de voyages, Philo était photo-
graphe ; mais ce soir-là nous retrouvions spontanément
cette fraternité de pensionnaires qui se moque des inéga-
lités de condition. Je m'aperçus alors qu'Alexandre Eiffel avait désappris la véritable convivialité et oublié l'art
de nouer de grandes amitiés. Il n'avait plus que des
relations, plus ou moins utiles. Certes, son carnet
d'adresses contenait de nombreux noms de clients avec
qui il entretenait des rapports amicaux, de fournisseurs
charmants à qui il envoyait chaque année une carte de
vœux, de *couples d'amis* indispensables pour jouer au
bridge... mais aucun ne l'eût serré tendrement dans ses
bras pour le consoler d'un chagrin, aucun ne lui eût
ouvert la porte s'il avait été à la rue. L'Amitié avait

déserté sa vie. Ces retrouvailles avec Philo et Tintin m'en redonnaient le goût.

Notre ancien dortoir était silencieux. A travers la porte vitrée, nous jetâmes un œil sur les enfants endormis dans nos lits de fer. Une veilleuse verte éclairait toujours la grande salle. Derrière la vitre qui me séparait d'eux, je me sentais prisonnier à l'extérieur. J'eus tout à coup envie de passer à travers pour me retrouver parmi eux, les veines remplies de sang neuf.

— On entre ? chuchota Philo.

— Tu es fou. S'il y en a un qui se réveille, on aura l'air de quoi ? répondit qui vous savez.

— Personne ne te force, dis-je en ouvrant la porte sans faire de bruit.

— Bon, ben... je reste là. Je fais le guet, murmura Tintin.

Philo s'avança dans une travée ; je lui emboîtai le pas. Mon lit était le septième de la première rangée, le sien le sixième. J'avais huit ans et étais en de telles dispositions d'esprit que je n'avais pas conscience de la bizarrerie de la situation. A nouveau, je ne vivais que par mes sens, sans réfléchir.

— Respire ! me dit Philo à voix basse. Cette odeur inimitable, celle du dortoir... un parfum de chaussettes, de sueur et d'eau de Javel, inimitable...

Mon nez demeurait enrayé mais les légers ronflements, la voix d'un gamin qui pérorait dans son sommeil, les grincements des vieux sommiers, tout cela me replongeait dans l'univers nocturne du Petit Sauvage.

Je m'arrêtai devant mon lit. Un petit garçon dormait, la tête posée sur un polochon qui avait peut-être été le mien, celui avec lequel j'avais livré tant de batailles mémorables. J'eus envie de réveiller cet enfant pour l'avertir de ce qui l'attendait, en lui mentant ; la réalité est insoutenable. Petit, ne crois pas tous les amers, tous ces meurtris qui te peindront en gris ton avenir. Tu auras des professeurs qui te conduiront vers toi-même, des maîtres qui n'auront de cesse de cultiver ce qu'il y a d'imprévisible et de singulier en toi. Ne crains pas d'entrer en adultie. Le temps est le grand ami de l'homme. Rien ne s'altère. Tu resteras toujours rebelle, toujours capable de t'indigner et de t'émerveiller. Tes inclinations ne s'amoindriront pas. La passion ne décline jamais ; en vieillissant, les amitiés véritables se font plus nombreuses. La solitude et la mort sont des mots inventés pour faire peur aux enfants, des termes qui ne recouvrent rien. Petit, s'engager ne signifie pas renoncer à autre chose ; tu auras chaque jour l'énergie de redessiner ta vie comme si elle était une page perpétuellement vierge. Crois-moi, tu garderas aisément le respect de ta personne en toutes circonstances, ton métier n'exigera de toi aucune fourberie. L'argent ne divise pas les hommes. Tu sauras conserver ta légèreté de cœur et ton insouciance allègre. Jamais tu ne seras livré aux enchaînements d'une destinée qui t'échapperait. L'adultie est douce, peuplée de femmes et d'amis fidèles. La nostalgie, ça n'existe pas, l'essoufflement non plus. Les grandes personnes sont rarement guidées par la peur de perdre le peu qu'elles ont acquis ; tu demeureras intrépide. Ta curiosité, tes élans et tes désirs ne te quitteront pas. Et si par hasard tout ce que je viens de te murmurer se révélait faux, montre-toi digne de celui que tu es aujourd'hui : N'ACCEPTE RIEN.

Un petit bruit me tira de mon monologue intérieur.

Philo était en train de fouiner dans le casier du moutard qui roupillait dans son lit. Soudain il se retourna vers moi en brandissant un petit paquet.

— Hé ! fit-il à voix basse. Il a des pétards ! Moi aussi j'en avais dans mon casier. Si on lui laissait un plan de *la grotte* ? Il pourrait faire renaître la Société.

— Tu es fou, chuchotai-je. Et notre serment !

Le gosse qui occupait mon pucier marmonna quelques mots dans son sommeil agité et tourna la tête dans notre direction. Allait-il se réveiller ? Nous avions parlé un peu trop fort.

Philo et moi nous baissâmes, prêts à disparaître sous nos anciens lits, quand Tintin surgit dans le dortoir. Son visage décomposé annonçait une catastrophe.

— Vingt-deux ! lança-t-il à voix basse. V'la l'Esprit de l'Escalier !

— Tout le monde en dessous ! ordonnai-je.

Nous nous glissâmes promptement sous nos lits respectifs. Immobile, retenant mon souffle, j'entendis le pas mécanique de Mademoiselle Rabutin qui se dirigeait vers nous.

— Qu'est-ce que c'est que ces bavardages ! tonna-t-elle.

L'Esprit de l'Escalier ne devait guère priser les longues séances érotiques. Dix minutes à peine lui avaient suffi pour se déloquer, culbuter Illico et se rhabiller. Elle avait sans doute le coït rapide.

Les grands pieds pantouflés de l'Esprit de l'Escalier n'étaient plus qu'à quelques mètres de moi.

— Bouillanne, inutile de faire semblant de dormir. Je sais très bien que c'est ENCORE vous.

Selon toutes apparences, elle s'adressait au petit garçon qui dormait paisiblement au-dessus de moi ; lequel répondait au patronyme de Bouillanne. Qu'elle lui eût dit *c'est ENCORE vous* m'enchanta. Bouillanne était donc le digne héritier du Petit Sauvage, un authentique chenapan de pensionnat. Peut-être avait-il déjà fomenté, comme moi, de gigantesques jacqueries d'écoliers, ourdi des chahuts historiques. Un souvenir me revint, fugitivement. Je me revis avec Philo — à l'époque où il avait des cheveux — à la tête de la grande fugue que nous avions savamment organisée. Les trois cents élèves du Collège Mistral s'étaient enfuis une nuit, pour s'évanouir dans le maquis provençal. Même les petits avaient suivi ! Usant de ruses indiennes et d'astuces de scouts, nous avions échappé aux recherches de la gendarmerie pendant trois jours et nous étions rendus quand nos vivres chapardés dans les cuisines de la cantine furent épuisés. Quelle épopée ! Personne n'avait balancé les noms des meneurs.

L'Esprit de l'Escalier se rapprocha et menaça Bouillanne :

— Si vous continuez à faire la pipelette, vous serez puni. Je reste postée à l'entrée du dortoir.

Elle s'éloigna.

Nous étions coincés. Mademoiselle Rabutin bloquait la seule issue.

— Qu'est-ce qu'on fait ? murmura Tintin en rampant vers moi.

— On va tenter une sortie en provoquant un chahut... chuchota Philo.

— Un chahut ! s'étonna Tintin.

La voix de l'Esprit de l'Escalier retentit :

— Bouillanne !

Philo prit une paire de ciseaux dans le casier du lardon endormi sur son lit, la coinça entre les semelles de deux chaussures et introduisit les pointes dans les trous d'une prise électrique ! Déconcerté, j'échangeai un regard avec Tintin. Le court-circuit provoqua un éclair. La veilleuse verte s'éteignit. Le disjoncteur central venait sans doute de sauter. Nous étions masqués par une obscurité quasi totale.

— Qu'est-ce que tu fous ? demanda Tintin à voix basse.

Et Philo de répondre :

— Attention les gars, ça va sauter !

Il gratta une allumette, alluma les mèches des pétards et les jeta dans le dortoir. En un instant, les explosions réveillèrent la chambrée.

— Tous à vos polochons ! hurla Philo en prenant une voix fluette.

Dans la pénombre, j'aperçus la silhouette de Philo qui bondissait sur les lits en provoquant les gosses à coups de polochon ! Je ne savais que faire. Les événements prenaient un tour si singulier. Un polochon m'atteignit dans le ventre. Autour de moi la bataille générale s'amorçait. Alors, grisé par l'atmosphère qui s'échauffait, je conservai le polochon qu'une main anonyme m'avait lancé. J'étais prêt à laisser le Petit Sauvage se déchaîner à travers moi, mais quelque chose me retenait. Prisonnier de mon corps rigide de grande personne, je ne parvenais pas à faire le premier mouvement ; quand je reçus un violent coup d'oreiller dans le nez. Aussitôt, je m'élançai dans la mêlée braillante. Etait-ce bien Alexandre Eiffel qui frappait avec frénésie d'invisibles adversaires de dix ou douze ans ? Noyé dans cette nuée de pensionnaires, je recouvrai des gestes anciens, une vivacité de poulain qui s'ébroue. La sève montait dans mes membres, irriguait mon cerveau. Dissimulé dans la nuit, j'oubliais mon apparence et cognais gaiement, faisais tournoyer mon polochon, virevoltais. J'avais dix ans.

— Holà, les Crusoé ! cria Philo. On se tire !

Nous nous retrouvâmes sur le palier du second étage, essoufflés, heureux. Les rayons de la lune nous éclairaient. Même Tintin s'était laissé entraîner dans la bataille de polochons. Nos presque quarante ans ne nous pesaient plus.

— On file à la lingerie ? lança Tintin, dans l'enthousiasme.

— Pourquoi ? demandai-je.

— Il faut piquer des draps, pour faire la voile du bateau, non ?

— En voiture ! s'exclama Philo en enjambant la rampe du grand escalier.

Nous descendîmes jusqu'à la buanderie en nous laissant glisser sur la rampe. Les Crusoé étaient en train de revenir à eux-mêmes par la grâce de ce *grand chahut* qui, en quelques minutes, nous avait enfantés. Nous étions tous trois saisis par l'envie d'être imprudents, turbulents et malicieux. L'ivresse de mes comparses les quitterait peut-être au matin. Il me fallait profiter de leurs dispositions pour hâter les préparatifs de notre équipée.

Philo craqua une allumette. Nous pénétrâmes dans la lingerie du Collège, là où vingt-cinq ans auparavant nous étions venus dérober des draps. Plusieurs centaines de paires étaient pliées sur des étagères de bois. J'en palpai un ; la qualité du tissu s'était améliorée mais ils étaient toujours aussi épais : de la bonne toile pour confectionner les voiles qui devaient nous emporter dans notre île.

— On en prend combien ? demanda Tintin.

— Aucun ! répondit la voix de Monsieur Arther. Glacés d'effroi, les Crusoé se retournèrent. Le faisceau d'une lampe-torche nous éblouit. Peu à peu nous aperçûmes le vieux Monsieur Arther qui nous tenait en joue, revolver au poing.

— Astucieux, messieurs, de faire sauter les plombs pour cambrioler le château à votre aise, lança-t-il d'un air martial. Mais est pris qui croyait prendre !

— On va vous expliquer, Monsieur Arther, dis-je en essayant de recouvrer mon calme.

— Tiens, tiens... on connaît mon nom ! Ne bougez pas ou je vous troue la panse sans autre forme de procès.

— Vous allez comprendre.

— Oh, mais tout est fort clair, excepté un point. Je suppose que c'est vous qui avez déclenché la bataille de polochons, là-haut. Mademoiselle Rabutin m'a dit avoir entendu des voix d'hommes. Comme préambule à un cambriolage, c'est tout de même assez singulier ! En tout cas, vous semblez avoir oublié que la méfiance est mère de la sûreté.

— Vous ne nous reconnaissez pas ? demanda Philo.

— Non, Monsieur, je n'ai pas l'honneur de vous connaître. Mais vous aurez tout le loisir de décliner vos noms et qualités devant les gendarmes ! Allez, avancez !

— Monsieur Arther, repris-je, la Société des Crusoé, ça ne vous dit rien ? Il y a vingt-cinq ans.

— Les Crusoé... fit-il après quelques secondes de réflexion.

— C'était nous. Je suis Alexandre Eiffel.

— Moi Philippe Bigance.

— Eiffel, Bigance... répéta Monsieur Arther, sur le ton d'un homme qui fouille sa mémoire.

— Et moi je suis Benjamin Falsifet.

— Eiffel, Bigance, Falsifet... les Crusoé. Nom d'une pipe ! C'est vraiment vous ? s'exclama-t-il en baissant son arme.

— Oui, répondirent les trois Crusoé.

— Mais il en manque un.

— Mon frère est mort.

— Mais... que diable faites-vous là ? Dans une tenue pareille ! ?

J'exposai brièvement à Monsieur Arther les raisons de notre présence dans cette buanderie, pourquoi nous avions suscité la bataille de polochons et le sens de nos retrouvailles : un quart de siècle plus tard, nous venions tenir nos promesses d'enfants, réaliser notre ancien rêve.

Des pas retentirent dans le couloir qui menait à la lingerie.

— Monsieur Arther ? Vous êtes là ? demanda l'Esprit de l'Escalier.

— Oui ! fit-il en s'approchant de la porte avec sa lampe-torche.

Instinctivement, Tintin, Philo et moi nous dissimulâmes derrière une étagère. Mademoiselle Rabutin tenait une matraque d'une main et une vieille chandelle de l'autre. La lueur de la bougie prêtait à son visage ridé un air diabolique.

— Vous les avez repérés ?

— Non, Mademoiselle Rabutin, répondit Arther. Il n'y a rien par là. Allez donc voir dans l'aile nord.

Elle s'éloigna avec son gourdin.

Monsieur Arther revint vers nous.

— Suivez-moi, dit-il.

Intrigués, nous lui emboîtâmes le pas dans le labyrinthe des étagères de la buanderie. Il ouvrit un placard, en sortit deux paires de draps et nous les tendit.

— Tenez, pour faire des voiles ces draps sont plus solides que les autres.

Stupéfaits, nous nous dévisageâmes.

— Ne me remerciez pas, ajouta Monsieur Arther.

Je pris les draps, sans comprendre pourquoi cet homme, jadis si enclin à contrarier nos initiatives, se montrait tout à coup complaisant. Sa sévérité légendaire aurait dû le porter à nous faire coffrer par la police.

— Pourquoi nous aidez-vous ? demanda Philo.

En quelques mots d'une vibrante sincérité, Monsieur Arther nous avoua que notre projet le touchait. A chaque fois qu'une réunion d'anciens élèves se tenait au Collège Mistral, il serrait la main d'adultes en qui il ne retrouvait presque rien des mouflets qu'ils avaient été ; et cela le chagrinait. Sous ses dehors rogues, il avait toujours eu un réel penchant pour ses élèves qui lui étaient une manière de famille. Le temps lui prenait *ses enfants* un par un, inexorablement. Or ce soir-là, pour la première fois, il avait le sentiment de revoir trois de ses élèves, presque trois fils prodigues.

Pour couper court à l'émotion qui le gagnait, Monsieur Arther lança :

— Maintenant filez ! Et tâchez de ne pas vous

faire pincer par Mademoiselle Rabutin. Quand elle frappe avec son gourdin, elle a encore la main lourde. Et la raison du plus fort est toujours la meilleure ! Décampez, nom d'une pipe !

Il pointa le canon de son revolver dans notre direction.

Sans demander notre reste, nous décampâmes avec nos paires de draps.

— Mademoiselle Rabutin ! hurla-t-il dans le couloir. Je les ai repérés, coincez-les !

Paniqués, nous nous précipitâmes hors du Collège. Monsieur Arther savait fort bien qu'il ne pouvait nous offrir plus grande joie que d'être poursuivis par l'Esprit de l'Escalier qui, dans notre imaginaire, occupait une place de choix entre la sorcière de Blanche-Neige et l'ogre du Petit Poucet.

Quand nous nous fûmes rhabillés, la féerie de la soirée commença à se dissiper. Le costume défraîchi de Tintin était taillé avec moins de soin que ceux que portait Alexandre Eiffel. La mise de Philo, plutôt voyante, indiquait que ses clichés de paparazzi lui procuraient de bons revenus. Par nos vêtements, la société adulte reprenait possession de nos corps et de nos esprits. Philo et Tintin remirent leur montre, s'assurèrent machinalement que leurs cartes de crédit et leurs clés se trouvaient bien dans leurs poches.

Je songeai alors que je m'efforçais désormais de vivre dans l'instant, que Tout-Mama réglait mes factures et que je n'avais plus besoin de clés ; les portes de la Mandragore m'étaient ouvertes.

— A demain les Cruso ! lança Tintin.

— Rendez-vous dans *la grotte*, dit Philo.

Je les saluai et retournai auprès de Tout-Mama, à bord du bateau bleu de Manon. Le lendemain devait débuter l'aventure dont rêvait le Petit Sauvage.

Ce soir-là, avant de m'endormir, je rédigeai une lettre d'amour anonyme que j'adressai à Tout-Mama. Usant de tournures désuètes, un tantinet ridicules, je lui disais toutes les flatteries susceptibles d'émouvoir son gros cœur. Elle avait tant besoin d'être rencontrée par un homme qui sût répondre à son feu, de se passionner pour un sensuel qui la comprît, fût-il un inconnu.

J'étais certain que cette lettre ardente la griserait. Elle ne m'en toucherait mot mais en espérerait une seconde, puis une troisième, guetterait le facteur chaque matin, chercherait à découvrir l'identité de son admirateur tapi dans l'ombre. Tout son être ne serait plus que tourment. Elle vivrait, enfin ! Et peut-être se prendrait-elle à rêver de remplacer un jour sa bouillotte par un homme, un véritable mâle disposé à l'étreindre.

Quand j'eus achevé ma missive, un chef-d'œuvre de mièvrerie, je m'aperçus soudain que je l'avais écrite de la main gauche, d'une traite. Notre escapade en enfance, au Collège, m'avait rendu l'usage de la main avec laquelle le Petit Sauvage rédigeait ses devoirs ! Je demeurai stupéfait, car au sortir de ma scolarité chez les Jésuites

Alexandre Eiffel avait perdu toute habileté de la main gauche.

Je relus ma lettre et restai un instant pensif. Mon écriture de gaucher, belle, penchée et montante me rappelait celle de quelqu'un ; mais qui ?

Je repris ma plume de la main gauche et voulus tracer quelques mots en m'appliquant :

Le résultat était navrant... de gaucherie. Mes doigts s'étaient crispés sur le stylo, tout mon avant-bras avait tremblé. Alors, inspiré par un étrange murmure intérieur, j'eus l'idée de laisser ma main gauche m'écrire.

Je saisis à nouveau mon stylo et, au lieu d'ordonner à ma main de former tel ou tel mot, la plaçai au-dessus d'une feuille blanche en essayant de suivre son propre mouvement. Très vite, elle se mit à transcrire avec aisance des phrases que je ne lui dictais pas. Son écriture était belle, penchée vers la droite, montante ; celle d'Alexandre Eiffel lui était contraire en tous points. C'était bien l'écriture du Petit Sauvage, celle que j'avais retrouvée sur les pages du cahier des Crusoé, celle de ma lettre à Tout-Mama !

Le Petit Sauvage s'adressait par écrit au droitier que j'étais à présent. Je venais de découvrir par hasard une façon de converser avec l'enfant que j'avais été. J'attrapai un autre stylo et lui répondis de la main droite. Un dialogue s'engagea entre mes deux mains, entre le Petit Sauvage et Alexandre Eiffel.

Le Petit Sauvage me confiait ce qu'il avait enduré toutes ces années où je ne l'avais pas respecté ; puis il précisa ses intentions à mon endroit :

— Si tu avais continué à faire la grande personne, je me serais vengé. J'aurais d'abord provoqué l'apparition d'ulcères dans ton estomac, puis je t'aurais infligé des migraines. Ensuite je t'aurais rendu insomniaque. Et si ça n'avait pas suffi pour te faire comprendre que je souffrais, je t'aurais envoyé un cancer, un pas trop grave au début, puis un HORRIBLE.

— Mais tu es fou, lui répondis-je, cette maladie nous aurait tués tous les deux.

— C'est vrai. Mais quand on a très mal, la mort paraît bien tentante.

Avec un frisson d'angoisse, je pris conscience du péril auquel je m'étais exposé. Ce sale gosse n'avait pas l'air de plaisanter.

Il ajouta :

— Si tu veux devenir adulte, vraiment adulte, il faut me respecter, être doux avec moi.

— Et ma femme, Elke, je ne la respecte pas en te respectant.

— De toute façon tu ne la respectais pas.

— Oui, mais je lui ai sans doute fait une peine affreuse en la quittant.

— Il faut choisir, Alexandre : elle ou moi. Mais je te préviens, si tu ne me respectes pas, ma vengeance sera terrible. Les médecins se pencheront bientôt sur toi. Ils te trouveront un cancer du poumon, ou une leucémie, ou bien une faiblesse de ton cœur ; mais en réalité ce sera moi qui te tuerai.

— Tu es donc si dur ?

— Oui.

Tard dans la nuit, je pris congé du Petit Sauvage en songeant au cancer effroyable qui m'avait volé mon père. Je le revis à l'hôpital, souriant sur son lit blanc, le corps boursouflé de métastases nichées sur ses membres décharnés. Les rayons de cobalt avaient brûlé ses chairs. Son souffle était court.

— Mon chéri, avait-il murmuré, ne te quitte pas. Ne te quitte pas...

Son regard de noyé s'était planté dans le mien. Je n'avais alors pas bien saisi ce qu'il tentait de me dire. J'avais treize ans, lui quarante-six. Le petit garçon qu'il fut avait décidé de se supprimer et d'emporter mon père dans leur tombe commune. De quels outrages, de quelles mortifications s'était-il vengé ? Les derniers mots de mon père me devenaient soudain clairs : il était mort de s'être quitté.

Je m'endormis rassuré. Moi, je ne périrais pas à quarante-six ans.

Le lendemain matin, j'eus la surprise de trouver Madame de Tonnerre dans la véranda en train de converser avec Tout-Mama autour d'une tasse de thé. Sa mise raffinée reflétait son élégance d'antan ; mais il y avait désormais un léger abandon dans son maintien. Seuls ses cheveux poivre et sel dénonçaient vraiment son âge. Sa physionomie n'était guère abîmée.

Je m'avançai vers mon idole d'autrefois, pénétré par un trouble dans lequel il entrait une ancienne inclination et de la déception. Manon avait bien détrôné Fanny.

Nous nous présentâmes fort civilement. Madame de Tonnerre se tenait dans la réserve qui lui était habituelle. Elle me parla avec courtoisie, comme si notre intimité passée n'avait jamais existé. Tout-Mama me servit une tasse de thé. Je pris un fauteuil.

La conversation roulait sur des considérations dérisoires quand je résolus de faire cesser cette comédie. Je ne voulais plus me sentir *obligé* par ces usages qui, en bridant la sincérité, réduisent la vie à une succession de moments exempts d'émotions. J'avais devant moi la femme qui avait fixé mes penchants amoureux et nous causions de tissus d'ameublement !

Tout-Mama quitta la véranda un instant pour remettre de l'eau chaude dans la théière. J'en profitai pour m'adresser sans détour à Madame de Tonnerre.

— Fanny, dis-je doucement en lui coupant la parole, j'ai rêvé du corps que vous aviez à trente-cinq ans pendant un quart de siècle. La fellation que vous m'avez faite un jour reste l'événement érotique décisif de ma vie, et peut-être le plus émouvant.

Ses mains fines commencèrent à trembler. Fanny ne put s'empêcher de rougir, posa sa tasse de porcelaine sur la table basse et, ne sachant comment réagir, conserva les yeux baissés. Sa poitrine était oppressée.

— Regardez-moi, Fanny, je ne dis pas cela pour vous choquer mais pour vous en remercier.

Muette, elle leva les yeux sur moi. Son regard pénétrant n'avait pas vieilli. Je lui souris et poursuivis :

— N'est-ce pas merveilleux de s'accorder la licence d'avouer ce que l'on sent, plutôt que de tricher en causant de choses anodines ? Au fond, la sincérité est moins dangereuse qu'on ne le pense... Je sais, je vous plonge dans la confusion... mais ce n'est pas grave. Ce qui est grave, c'est de ne plus rien ressentir, non ? Au moins vous aurez vraiment vécu cette matinée, vous vous en souviendrez.

Il y eut un silence. Je craignis soudain qu'elle ne me regardât comme un indélicat graveleux. Tout-Mama revint avec sa théière.

— De quoi parliez-vous ? lança-t-elle.

Et Fanny de répondre :

— De la faiblesse que j'ai eue pour votre petit-fils quand il avait treize ans, un jour d'abandon.

Tout-Mama demeura interdite, bouche bée ; moi aussi.

— Pardon ? fit Tout-Mama.

— Vous m'avez bien entendue, continua Fanny. Il faisait chaud. La féerie d'une petite crique, le soleil tapait sur le bateau, et la solitude aussi, tout cela ensemble avait créé une douce atmosphère. Notre différence d'âge s'était soudain dissipée. Seul notre désir comptait. Et voilà...

Fanny se tourna vers moi et dit en souriant :

— C'est vrai que ça fait du bien de dire la vérité...

Je fus alors gagné par une ivresse de bonheur. Madame de Tonnerre m'avait entendu ! Son attitude me conforta dans ma volonté de faire à nouveau part de mes sensations avec spontanéité. Le risque pris était minime et l'ennuyeuse réserve d'Alexandre Eiffel n'aboutissait qu'à des rapports de surface dont j'étais plus que las.

D'abord déroutée, Tout-Mama finit par comprendre quelle griserie Fanny et moi trouvions dans une complète liberté de parole. Délaissant les propos ménagers (Ah, les tissus d'ameublement !), notre discussion tourna ensuite autour des hontes, légères ou sérieuses, que nous avions tous essuyées en diverses occasions. Ce sujet nous entraîna loin sur le chemin de la sincérité. D'aveu en aveu, sur un ton plein de gaieté et de dérision, chacun se montra dans sa vérité, sous son jour le moins flatteur. Partager nos faiblesses nous rapprocha. L'espace d'une matinée, il n'y eut plus de place pour la forfanterie ou la justification.

Fanny nous quitta fort tard.

Je venais de renouer avec elle cette complicité que je croyais envolée à jamais et de ranimer l'accord parfait qui existait entre Tout-Mama et le Petit Sauvage.

J'allais refermer la porte derrière Fanny lorsque j'aperçus un camion de déménagement qui remontait lentement l'allée de platanes qui conduit à la Mandragore.

— Les meubles... murmura Tout-Mama derrière moi, la gorge serrée. Mes meubles reviennent !

Elle me serra le bras convulsivement. Un instant, sa physionomie sembla se défroisser sous l'effet de la joie. Ses rides s'estompèrent ; la beauté de ses trente ans affleura fugitivement sur son visage.

Le poids lourd s'arrêta devant la porte d'entrée. Deux musclés en descendirent. Ils nous saluèrent brièvement, ouvrirent les battants des portes arrière. Alors, comme dans un rêve, je les vis sortir du camion une bonne part de mon passé.

Les deux déménageurs transportèrent dans le salon l'antique piano de Tout-Mama, celui sur lequel elle malmenait autrefois des morceaux de jazz en s'égosillant. Avec cet instrument, j'eus le sentiment que ses chansons nous revenaient également. Puis tous les meubles de mon enfance reprirent peu à peu la place qui avait été la leur dans la Mandragore. Je me cognai avec émotion dans le coin de la vieille commode qui avait rejoint le pied du grand escalier. Le Petit Sauvage la heurtait à chaque fois qu'il dévalait les marches avec trop de précipitation. Les tapis de ma mère furent déroulés sur les parquets que j'avais cirés avec soin. En se remplissant, les pièces retrouvaient leur volume d'antan ; et quand j'eus réinstallé les gigantesques lustres métalliques conçus par Gustave Eiffel, la maison recouvra sa personnalité un peu folle. L'un représentait le système solaire ; la place du soleil était tenue par une énorme ampoule ronde. Le deuxième célébrait les douze signes astrologiques et le troisième était une extraordinaire rose des vents. Dehors, le jour déclinait. J'allumai la lumière. D'un coup, le grand salon du rez-de-chaussée fut ressuscité ; la luminosité étrange que diffusaient les lustres de Gustave lui restituait tout son mystère.

Lily demeurait muette sur son perchoir, interloquée de voir renaître devant elle le décor d'une époque révolue. Comme si elle percevait la nostalgie qui me gagnait, elle caressa tendrement mon nez avec son bec et dit, avec la voix de mon père :

— Le Petit Sauvage, tu es un fou...

J'eus l'impression que mon père venait d'approuver mon entreprise. Sans doute comprenait-il, là où il se trouvait, que je me remplissais de sang neuf à mesure que je m'enfouissais dans mon enfance. Mon corps s'était d'ailleurs modifié. Sans y prêter attention, j'avais perdu ces kilos qui me séparaient de ma silhouette de jeune homme. Une vigueur nouvelle irriguait mes membres ; ma raideur m'avait presque totalement quitté.

Tout-Mama se mit au piano et commença à fredonner un air ancien. La mélodie infusa peu à peu en elle. Son timbre se fit plus rauque et, soudain, elle poussa sa chansonnette avec une force inouïe. Etonnés, les déménageurs se retournèrent. Tout-Mama venait de redécouvrir le plaisir qu'elle avait toujours pris à bêler avec énergie. Placer sa voix ne l'intéressait guère. Elle aimait vocaliser à tue-tête et prétendre ensuite que ses braillements étaient du chant.

Les deux musclés me firent signe qu'ils avaient terminé leur boulot. Je leur glissai discrètement un pourboire. Ils s'éclipsèrent sur la pointe des pieds, tandis que

Tout-Mama continuait à tonner en écrasant son clavier avec ardeur ; puis sa mélopée vira au miaulement et, enfin, elle se tut.

J'étais heureux de son bonheur. Qu'elle m'eût infligé dix minutes de pseudo-jazz inaudible importait peu. L'essentiel était qu'elle eût retrouvé devant ce piano la femme qu'elle avait été avant la mort de son fils. Dans le silence qui suivit ce vacarme, nous entendîmes quelqu'un qui frappait à la porte du grand hall.

— Entrez ! lançai-je.

La porte s'ouvrit lentement sur ses gonds mal huilés. Un vieil homme apparut. Je n'apercevais pas son visage, tant il était voûté. Il ôta sa casquette et trottina vers nous en avançant une main noueuse ; puis il releva sa tête de mulot.

— Célestin ! s'écria Tout-Mama.

Notre ancien jardinier venait d'entrer. Célestin avait été l'un des personnages clés de la Mandragore. Il régnait jadis sur le parc, le plantait à sa guise et l'entretenait avec soin. Ami des arbres et des enfants, il exerçait une fascination extrême sur le Petit Sauvage. Célestin savait tout faire : imiter le cri des oiseaux, nommer les fleurs, flairer les mensonges, ridiculiser les fats, ouvrir les boîtes de crème de marrons avec un canif, tailler des cannes, se taire quand il le fallait, houspiller Tout-Mama avec tact, tout sauf une chose... parler d'amour. Il ne s'était donc jamais marié et s'était accoutumé à regarder la famille Eiffel comme la sienne. La vente de la Mandragore l'avait abattu. La mine triste, il s'était retiré dans les collines et, depuis lors, se louait de temps à autre pour effectuer de menus travaux.

Le visage empreint d'une émotion mal dissimulée,

Célestin m'embrassa. Je le serrai dans mes bras tremblants. Il baisa ensuite la main de Tout-Mama et dit simplement :

— Maintenant que vous êtes de retour, je vais vous le refaire, le jardin de la Mandragore, aussi beau que dans le temps.

Et il se retira.

Il était l'heure de rejoindre les autres Crusoé.

Je chargeai la cale du bateau bleu de vivres et de tout le matériel requis pour marcher sur les traces du grand Robinson ; puis je retournai à la Mandragore faire mes adieux à Tout-Mama. J'ignorais encore combien de temps je resterais dans l'île du Pommier avec les Crusoé.

Tout-Mama se tenait près du feu quand je pénétrai dans le grand salon.

— Tu as froid ? m'étonnai-je.

— Les très vieux ont toujours froid... tu pars ?

— Oui.

Elle m'embrassa, traça une croix sur mon front avec un ongle et me demanda :

— Que vas-tu chercher là-bas ?

— Tu connais le serment des Crusoé.

— Dis-moi la vérité.

La réponse que je m'entendis lui faire m'étonna moi-même ; car mon instinct m'avait poussé jusqu'alors vers cette île sans que je susse vraiment pourquoi. Je prétendais avec véhémence qu'il me fallait tenir une promesse du Petit Sauvage et que me dérober revenait à le mépriser une fois encore ; mais mes motivations réelles étaient à la fois plus simples et plus troubles.

J'espérais confusément que mon séjour dans l'île du Pommier marquerait une rupture dans ma fuite, qu'un événement décisif se produirait là-bas. Je ne pouvais éternellement plagier le Petit Sauvage. Mon aventure n'avait de sens que si, en ressuscitant l'enfant que j'avais été, je devenais un jour véritablement adulte. Loin du regard des grandes personnes, j'avais le sentiment qu'une telle renaissance était possible. Voilà ce que je répondis spontanément à Tout-Mama.

— Bonne chance, me dit-elle en traçant une autre croix sur mon front.

En larguant les amarres, je jubilais de m'élancer enfin dans cette équipée dont le Petit Sauvage avait tant rêvé. Le soleil déclinant était en train de plonger dans la mer. Je mis le cap sur le Collège Mistral, quand, au bout de quelques minutes, le roof s'ouvrit brutalement ! Je sursautai. La frêle Manon sortit de la cale en souriant. Elle avait dû s'y glisser pendant que je discutais avec Tout-Mama.

— Qu'est-ce que tu fais là ? lui demandai-je, interloqué.

— Je t'enlève !

— Tu m'enlèves... répétai-je ahuri. Mais... tu ne devais pas passer le week-end en Italie, avec Bertrand ?

— J'ai écourté le voyage. Mon choix est fait.

— Ton choix ? !

— Je veux vivre avec toi. Je ne suis pas faite pour l'adultère.

Effaré par cette résolution inattendue, j'expliquai à Manon en termes diplomatiques que je n'avais pas délaissé mon épouse pour prendre de nouvelles habitudes aux côtés d'une autre femme. L'amour-lien ne me tentait plus. J'en connaissais les périls incontournables et ne souhaitais pas affaiblir notre passion en l'enfermant dans une union ordinaire, alors même que nous avions eu la sagesse d'inventer une façon imprévisible de nous aimer. Chacune de nos rencontres n'était-elle pas empreinte d'une grâce particulière ? Je ne me voyais pas troquer cette ivresse contre une banale histoire de grandes personnes.

— On ne va tout de même pas passer notre vie dans une cabane perchée sur un arbre ! me rétorqua-t-elle.

— Qu'est-ce que tu veux ? Une vraie maison ?

— Non.

— Alors quoi ?

— Un homme, pas un petit garçon.

— Laisse-moi le temps d'en devenir un.

— Où vas-tu avec mon bateau ?

— Dans une île, jouer à Robinson Crusoé avec des copains d'enfance.

Navrée, Manon soupira et dit avec amertume :

— Amuse-toi bien. Mais je te préviens, quand tu auras cessé d'être infantile je ne serai peut-être plus libre.

— Manon...

Sans attendre mes éclaircissements, elle plongea dans la mer pour regagner la côte.

— Reviens ! criai-je. Je t'aime !

Manon ne m'écoutait déjà plus. Elle nageait vers la rive. Je n'avais pas eu le temps de lui faire sentir combien *s'enfanter* et *s'infantiliser* sont deux termes éloignés, presque des antonymes. Je haussai les épaules et me dis que nous reprendrions cette conversation à mon retour, dans quelques jours. Aimer une femme ne signifiait plus pour moi renoncer à suivre mon chemin.

Si j'avais su quel coup du sort m'attendait, j'aurais rattrapé Manon ; mais dans mon aveuglement, je partis le cœur léger au rendez-vous des Crusoé.

J'allais piquer une tête dans la rivière du Collège pour rejoindre *la grotte* quand une voix m'interpella :

— Hey ! Alexandre.

Je me retournai. Tintin se trouvait à quelques mètres de moi. Dans la clarté lunaire, je vis qu'il ne s'était pas déshabillé. Serroté dans son costume mal coupé, il jouait nerveusement avec ses clés de voiture.

— J'ai reçu un coup de fil de Philo, dit Tintin. Il ne viendra pas. On l'a prévenu à la dernière minute. Il est sur un coup, pour photographier une princesse et... enfin, moi je...

— Tu te dégonfles ?

— Ecoute, c'était sympa la petite virée au Collège mais... faut me comprendre. J'ai une femme, des gosses... On a passé l'âge de faire les marioles.

— Je ne te juge pas, Tintin. Merci d'être quand même venu au rendez-vous.

— Salut.

La tête basse, il s'éloigna. Sa silhouette massive disparut dans la pénombre. Un instant je fus tenté de tout abandonner ; mais une voix en moi me rappela à l'ordre. Elle m'ordonnait de quitter les rivages du monde adulte, de me libérer du regard et des attentes d'autrui pour me retremper dans une solitude complète qui, seule, pouvait me rendre à moi-même. Tu as presque quarante ans, il n'est plus temps de faire des compromis. Aie le courage de t'affronter !

Je pris la mer, bien qu'elle fût menaçante.

Dans l'obscurité, je me guidai en regardant les étoiles. La houle se creusait et bientôt le vent forcit. La voile que j'avais confectionnée avec les draps donnés par Monsieur Arther fut alors déchirée par de méchantes rafales. Je dus continuer au moteur. La progression était lente. Des déferlantes hargneuses commencèrent à balayer le pont.

En dix minutes, la tempête me cerna. Effrayé, je m'accrochai à la barre et m'enfonçai dans la nuit en essayant tant bien que mal de suivre ma route. Deux heures durant, je me colletai avec les flots en colère qui tourmentaient la coque, luttai contre les bourrasques dans un corps à corps incessant. Plusieurs fois, je sentis la mort sur le point de me cueillir. Je la repoussai. Elle refluait et revenait inlassablement. Je devais vaincre les ténèbres pour renaître, pensais-je en écopant. Harassé, j'aperçus une vague qui, en venant vers moi, s'enflait démesurément. Que fais-tu là ? me demandai-je tout à coup. Roulant sur la mer, cette masse d'eau sombre vint s'écraser sur mon bateau dans un rugissement qui me figea de terreur. Pendant quelques instants, il n'y eut plus rien de visible. L'écume masquait tout. Je crus mon embarcation broyée par cette mâchoire baveuse et fus étonné de la voir réapparaître ; quand un craquement lugubre se fit entendre. Une roche en saillie venait de mordre l'étrave du bateau. Je me précipitai pour colmater la voie d'eau ; une grosse lame me renversa, une autre me souleva et m'emporta dans la convulsion des flots. Mon crâne heurta violemment un récif. Au moment même où je perdis connaissance, je sus qu'Alexandre Eiffel expirait.

Au petit matin, je m'éveillai sur une plage de sable, dans une petite crique boisée. Une vague avait dû me rejeter sur cette côte qui m'était inconnue. Des grillons célébraient le retour du soleil. La mer étale avait oublié sa colère.

Heureux d'être en vie, je me relevai et m'aventurai dans un maquis dense de fougères arborescentes, de bruyères et d'arbousiers, sous le couvert de pins d'Alep. Le relief était marqué. Je finis par atteindre un grand chêne-liège que j'escaladai pour voir où j'avais échoué.

Perché au sommet de l'arbre, je constatai que j'étais dans une île. Non loin s'élevaient les ruines d'un phare décapité et un pommier si tourmenté qu'il paraissait plus vieux qu'un antique olivier. J'avais donc fait naufrage sur l'île du Pommier. La terre ferme se trouvait au-delà de la ligne d'horizon.

J'étais seul, à l'abri de la société des grandes personnes.

Autour de moi prospérait une végétation abondante, un résumé de l'Eden. Des palmiers, des tamaris et des eucalyptus voisinaient avec des myrtes et des genévriers. La pointe nord était plantée de pins maritimes qui entouraient ce qui restait du phare. Des nuées d'oiseaux en route vers l'Afrique faisaient escale sur la côte ouest et des dizaines d'espèces de papillons évoluaient dans la chaleur méditerranéenne. L'île était protégée des marchands de tourisme par un statut de parc national. L'accès était interdit, afin que les oiseaux voyageurs pussent s'accoupler en paix.

Je remarquai un papillon fripé qui s'extirpait avec peine d'une petite chrysalide soyeuse accrochée à une branche du chêne-liège. Parvenu au stade de son ultime métamorphose, il déploya ses fines ailes jaunes tachetées de points fauves et prit son envol pour se confondre avec le soleil. Ce spectacle faisait écho au cheminement que je me souhaitais ; j'en demeurai troublé.

Puis, me tournant vers la pointe sud, j'aperçus la lugubre épave de mon bateau que la tempête avait abandonnée après l'avoir violée. Empalée sur un rocher proéminent, la coque délabrée offrait le spectacle d'une proie fracturée, éventrée et enfin dépecée par un ressac haineux. De toute évidence, le bateau bleu ne pouvait être réparé.

Mon jeu devenait sérieux. Le destin, et peut-être aussi le Petit Sauvage qui à sa manière m'avait poussé dans cette aventure, avaient fait de moi un véritable Robinson Crusoé. J'entrai de plain-pied dans mon rêve d'enfant, avec un frémissement qui mêlait une excitation sincère et de l'appréhension.

Je descendis de mon chêne-liège et gagnai promptement l'épave pour sauver la nourriture et le matériel qui étaient encore récupérables. Dévalant un escarpement de roche, je pensai alors à Manon. Quelle attitude adopterait-elle en ne me revoyant pas revenir de si tôt ? L'idée que nous fussions définitivement séparés par ce coup du sort m'effleura mais je la repoussai. Un simple retard ne pouvait interrompre une liaison dans laquelle nous avions mis tant de ferveur. Songer à son attrait sensuel, joint au nimbe du souvenir de sa mère, agissait plus que jamais sur mon imagination.

J'étais déjà nostalgique de la liberté de ton de nos échanges, de la légèreté de nos rapports et de la formidable montée de sève qui s'opérait en nous lorsque nous étions ensemble. La gaieté constante et naturelle qui nous saisissait dans ces moments transfigurait le monde qui, soudain, se muait à nos yeux en une gigantesque cour de récréation. Chaque instant avait la grâce de ce qui est éphémère. Notre passion tenait du jeu. La sincérité était notre langue, le présent notre temps. Manon savait me faire aimer la réalité tout en me la faisant oublier. J'étais convaincu qu'elle était de ces femmes qui eussent enfiévré le Petit Sauvage et voulais croire qu'elle m'attendrait.

Parvenu au bateau, je me hissai sur le pont et, à ma grande joie, m'aperçus que par miracle l'essentiel des vivres était intact, solidement arrimés dans la cale. Les outils que j'avais emportés se trouvaient également là.

Vider la soute et récupérer les planches du bateau réutilisables m'occupa jusqu'au soir ; puis je m'assurai que la citerne située près du phare était remplie d'eau de pluie, ce qui était le cas. Rassuré, je jugeai que mes jours n'étaient plus en danger.

Commença alors une période qu'il m'est difficile de raconter, tant cette expérience fut intérieure. La relation de mes actes fera sans doute ricaner les railleurs. Certains me regarderont comme un insensé. Pourtant mes extravagances eurent, me semble-t-il, plus de sens que le quotidien de bien des citoyens dits normaux. Lecteur, je te livre les instants de ma vie les plus secrets.

Dans les débuts de mon séjour dans l'île, j'employai tout mon temps dans un rude labeur. Mon esprit désorienté par la solitude et l'absence de divertissements cherchait sans relâche de l'occupation, comme pour continuer à me distraire de moi-même. Je chantais — faux — afin d'interrompre un silence impressionnant auquel je n'étais pas accoutumé.

Ma première initiative fut d'explorer les moindres recoins de l'île. Je découvris ainsi une grotte inquiétante, un gouffre rempli de ténèbres. On eût dit une plaie béante. Peu rassuré, je m'abstins d'y pénétrer. Nul témoin ne se trouvait là pour me faire sentir le ridicule de ma crainte. Puis je bâtis une cabane solide et fabriquai les quelques meubles qui m'étaient nécessaires, avec d'autant plus de soin que je redoutais le moment où je n'aurais plus suffisamment de besogne pour m'accaparer.

Pendant plus de vingt ans, la fébrilité artificielle de la vie adulte m'avait maintenu en dehors de moi dans une agitation constante, comme si mon existence n'avait été qu'une somme de difficultés à résoudre. Même en vacances, Alexandre Eiffel ne savait pas s'attarder en sa compagnie. Sans répit, il courait derrière des balles de tennis, réparait une chasse d'eau, téléphonait, entretenait son automobile... Et quand par extraordinaire son corps était immobile, son cerveau était continûment distrait par la musique que débitait sa radio ou par mille tracas professionnels qui le poursuivaient jusque dans son sommeil. Mon retour à la Mandragore avait à peine modéré ma frénésie de mouvements qui, loin de me ramener au Petit Sauvage, continuait à m'exproprier de ma vie.

Au bout de huit jours, je n'eus plus guère de travail. Je m'étais ménagé des conditions d'existence acceptables. Mes provisions étaient suffisantes pour assurer ma subsistance pendant fort longtemps. Essayer de m'échapper de l'île en construisant un radeau me paraissait absurde. J'étais trop éloigné des côtes pour tenter une telle navigation ; puis je ne m'étais pas engagé dans cette aventure pour battre en retraite au premier obstacle.

Cependant, l'épreuve de l'inaction jointe à celle de la solitude était accablante. Je m'accrochais désespérément aux menues tâches que je parvenais à m'inventer : sculpter un bout de bois, tailler une flûte dans un bambou... Mon regard se tournait toujours vers l'extérieur, en quête d'un prétexte pour m'oublier. Si j'avais pu tourner le bouton d'une télévision ou m'abstraire dans un roman...

Alors se produisit un événement CONSIDÉ-RABLE.

Un soir que j'étais assis sur l'une des plages, à guetter malgré moi le passage d'un bateau, je fus comme hypnotisé par le flux et le reflux des vaguelettes, ce va-et-vient qui faisait écho à mon rythme intérieur, celui du

Petit Sauvage, et peu à peu je pris un timide plaisir à exister, à accueillir des sensations infimes, des états naissants, des commencements d'émotions, à me laisser charmer par ma seule présence, sans que cette douce jouissance n'eût rien de narcissique, et dans cette quiétude mes sensations se dilataient, ma conscience s'éveillait, je communiai avec la nature qui devenait une extension de moi-même, le silence de l'île se peuplait de cris d'oiseaux, du chant du vent, du frémissement des arbres : ma société cessa de m'ennuyer.

Loin du bruit du monde adulte, je venais de redécouvrir l'art d'être intime avec soi.

Le Petit Sauvage, lui, possédait le secret de ces paresses qui n'en sont pas, cette faculté de s'abandonner qui est une façon d'être présent. En regard de cette aisance qui va avec l'enfance, j'étais encore assez gauche ; mais j'avais entrevu grâce à cette rêverie une façon de me fréquenter.

Débuta alors une période de mue passionnante. Combien de semaines dura-t-elle ? Je ne l'appris que plus tard. Je n'avais pas emporté de montre et refusais de mesurer le temps en recourant à des repères qui m'étaient extérieurs, tels que des minutes, des heures ou des jours... Seul mon temps intérieur comptait. Je n'étais plus seul ; j'étais avec moi. Nul programme, nul agenda ne me brusquait. Libéré du poids du monde, je n'avais rendez-vous qu'avec le Petit Sauvage. Aucune *nouvelle* propagée par un journal ou une radio ne m'absorbait dans des événements étrangers à ma vie réelle. Mes tristesses et mes joies étaient les miennes, et non celles d'une personne publique.

Progressivement, je quittais ma nostalgie pour m'insérer dans une succession d'instants au sein desquels je tentais de me rassembler, de me réapproprier ; et je me sentais de plus en plus vivant ; mais cette sensation demeurait resserrée dans des limites mystérieuses.

Tout ce qui se trouvait dans mon île prit la valeur d'un trésor : les morceaux de verre poli par la mer que je ramassais sur la plage, un tronc d'arbre qui avait la forme d'un dauphin... Petit à petit, protégé par la mer qui m'entourait, je revins à cet état chamanique et poétique qui est le propre de l'enfance. L'invisible me fut accessible.

C'est ainsi qu'un matin je m'élevai spontanément jusqu'à Dieu. Je m'étais réfugié dans le phare pour me mettre à l'abri d'un coup de vent. Je lève la tête. Les ruines de l'édifice faisaient comme une cheminée qui montait vers le ciel. Soudain je le perçois, aussi nettement que s'il m'étreignait. Avec une facilité déconcertante, je m'abandonne, m'oublie en lui, dans son infinie tendresse. J'étais fort surpris car j'avais toujours regardé le Bon Dieu comme l'ennuyeux confident de Tout-Mama et le Christ comme un acrobate égaré sur une croix. Et là, tout à coup, je me livre tout entier à la douceur de Dieu et, dans le même moment, comprends qu'on ne prie pas en radotant des litanies mais en se laissant être avec Lui, en étant poreux. Plus intime avec moi, je le devins avec Dieu.

Avec le temps, la trouille que m'inspirait la grotte ne cessa d'augmenter. Au début, je m'étais plu à imaginer qu'une vilaine bête végétait dans ce sombre trou ; puis, dans ma solitude, je finis par m'en persuader et l'animal se changea dans mon esprit en un monstre hideux qui grognait dans les entrailles de mon île. Je l'avais surnommé *Mondragon*, du nom du grand crocodile imaginaire qui était censé se cacher sous le lit du Petit Sauvage pour le manger pendant son sommeil.

J'évoluais donc dans un univers réenchanté, espérant chaque jour l'événement décisif qui, en ressuscitant l'enfant que j'avais été, ferait de moi un adulte authentique. Je m'étais certes rapproché du Petit Sauvage, mais ne parvenais pas à passer résolument de l'autre côté du miroir. Même lors de mes rêveries, je stagnais dans un sentiment d'incomplétude, comme si j'étais encore séparé de moi-même, de la VRAIE VIE ; et cette frustration me devenait intolérable à présent que j'en avais le pressentiment.

J'étais toujours pour Manon dans une disposition qui me ramenait sans cesse vers son souvenir. Plus je consultais mon cœur moins je doutais qu'elle fût la femme de ma nouvelle existence. La fièvre avec laquelle elle m'avait fait l'amour me manquait également. Entre ses cuisses et entre ses lèvres, elle m'avait fait connaître des vertiges qui tenaient moins du coït que de l'envolée spirituelle. Quand le corps permet d'oublier le corps. Quand la poésie se mêle au foutre. Quand l'âme trouve son compte dans une fellation royale. Mes sens exaspérés par l'abstinence réclamaient mon retour auprès de Manon ; mais il lui fallait un homme, non un petit garçon. Et c'est en homme que j'entendais lui revenir.

J'attendais cette renaissance.

Parfois, je songeais à Elke avec douleur. Dans quelle déception se débattait-elle à présent ? J'avais tant souhaité l'aimer qu'il me restait une secrète affection pour celle qui avait été l'épouse d'Alexandre Eiffel.

On s'étonnera peut-être de la maigre part que je lui ai réservée dans ce récit, alors qu'elle partagea mes habitudes, mes insomnies et mes aigreurs d'estomac pendant plus de dix ans. Après l'avoir délaissée sans préavis, je m'étais senti une telle culpabilité que, lâchement, j'avais dans la suite pris soin d'éviter son souvenir. Elle avait cru si naïvement à mes déclarations définitives sur le mariage, à mes protestations d'amour et en mes serments grandiloquents. Pauvre Elke... elle ignorait que les hommes se rassurent en formulant des paroles dont ils sont eux-mêmes les dupes. Ils crient de pseudo-certitudes en espérant que l'écho les convaincra. Il faudrait le dire aux petites filles ; mais souhaitent-elles l'entendre ?

Dans l'île, je me laissai éprouver un désagréable sentiment de honte à son endroit et cessai enfin de justifier ma conduite. Pourquoi faut-il toujours que le réveil d'un être en esquinte d'autres ?

Un soir, le soleil disparut brusquement. Le ciel venait de s'assombrir. On entendait la respiration rauque d'un orage qui approchait. L'horizon était barré par un mur de nuages sinistres. Les cigales et les oiseaux avaient cessé de chanter.

Soudain l'obscurité s'épaissit, un grand souffle se leva, la mer frémit. Une ondée s'abattit. Je me réfugiai dans ma cabane. Le tonnerre sembla réveiller les flots et, très vite, les attaques brutales du vent furent telles que le toit de mon abri fut arraché. Affolé, je tentai de me protéger de la pluie qui croulait. Une bourrasque emporta les murs de planches. La tempête était là, froide et horrible.

Étourdi par ce tumulte qui se ruait sur mon île, je ne savais plus où aller. Une peur insondable m'envahit. Devant moi, les vagues lancées sur les brisants paraissaient capables de submerger mon petit paradis. L'acharnement de l'écume était terrible. Tout autour, ce n'était que fracas, dislocations, petits arbres déracinés, mugissements et ruissellements.

Épouvanté, je songeai alors à mon ultime refuge : la grotte. Les éléments en furie semblaient collaborer pour me pousser dedans. Mais *Mondragon* vivait dans la pénombre de ce gouffre ; et la frayeur qu'il m'inspirait n'était pas feinte. Cependant, face au redoublement de la

tourmente je me repliai vers la caverne sans plus ter-
giverser.

Le sentiment de solitude qui me gagnait tenait du
vertige. J'étais seul au monde, perdu au milieu d'une
tempête infatigable, de grondements, de nuées et de
vents mordants ; et cette sensation d'abandon faisait
écho à des souffrances anciennes que je m'efforçais de
congédier.

L'entrée de la grotte était effrayante ; mais l'ouragan
me força à affronter *Mondragon*. La peur au ventre, je
m'avançai dans l'obscurité et tombai à genoux, dans une
nuit presque complète, assailli par une insoutenable
impression de déréliction. Toutes mes solitudes passées
remontent en bloc du fond de mes abîmes intérieurs et
me renvoient sans ménagements à mes douleurs les plus
secrètes, celles que je n'ai pu hurler autrefois tant elles
étaient INSUPPORTABLES.

— Papa est parti, dit le fantôme de ma mère qui
    apparaît devant moi.

Elle se mord la lèvre inférieure jusqu'au sang, vraiment jusqu'au sang.

Nous sommes à la Mandragore, vingt-cinq ans auparavant. Les yeux de ma mère me semblent vides ; son
visage est détruit par l'affliction. Elle fait semblant
d'exister, pour moi.

— Où ? m'entends-je répondre, en espérant
    encore ne pas être orphelin, en refusant ce que j'ai
    déjà compris.

— Tu es maintenant le chef de la famille, lâche-
    t-elle.

J'ai treize ans, c'est trop tôt. La mort de mon père
vient d'assassiner le Petit Sauvage. Seul je suis, pour
toujours. Le désespoir froid de ma mère m'est intolé-

rable. Papa, pourquoi m'as-tu abandonné ? J'ai besoin de ton regard. Oh, j'ai mal et ne suis que SOLITUDE.

Peu après, j'ouvre un tiroir de sa commode et en sors ses pull-overs. Ils ont conservé l'odeur de sa peau, ces particules de lui. Je renifle la laine, avant que le parfum de son corps ne s'évanouisse, la respire jusqu'à en être saoul. Oh, j'ai mal et ne suis que SOLITUDE.

Une marée de peine me submerge. Je cesse de lutter contre ce courant et m'abandonne à ma détresse, à mon étouffement. Mon asthme d'autrefois vient s'emparer de mes poumons. Cris, chuchotements. Je me désanesthésie, occupe tout mon être, m'enfouis dans ma tristesse, la bois jusqu'à la lie et me tords, à moitié asphyxié.

Plus tard, j'entre dans une chambre d'hôpital. J'ai quinze ans. Ma mère est là, allongée sur un lit de fer, déjà presque en partance. Ses yeux très blancs fixent un au-delà qu'elle seule aperçoit, ce pays où elle sait qu'elle va retrouver bientôt son Amant, mon père. Je m'approche et prends sa main parcheminée. Ses membres sont dépulpés, jaunes et diaphanes. Elle se tourne vers moi, me sourit et murmure d'une voix transparente :

— Il me reparlera d'amour...

Son regard se fige. Elle est avec lui. Je reste seul. J'ai quinze ans, c'est trop tôt. Maman, pourquoi m'as-tu abandonné ?

J'ai dix-sept ans. La figure de mon père affleure nettement sous mon visage de jeune homme. Un soir, je m'approche du miroir de la salle de bains et le cherche dans mes traits ; j'essaie de le surprendre au détour de l'une de mes expressions, de le réveiller. J'ai le sentiment qu'il sommeille derrière ma face. Mon sourire est le sien, nous partageons les mêmes fossettes, un grand front, l'arête du nez. L'espace de quelques instants, je lui prête ma physionomie pour lui rendre un peu de la vie qu'il m'a donnée. Sur la glace, il semble m'observer à travers mes yeux. Mais non ; je suis seul. Sa véritable figure pourrit sous une dalle, ses lèvres sont creusées par les vers ; ses yeux sont à présent des poches flasques vidées par la vermine. Oh, j'ai mal et ne suis que SOLITUDE.

Je lave mes plaies dans mes larmes, laisse s'écouler mon vieux chagrin, ce pus infect. Sanglots, soulagement de tensions accumulées, purge des miasmes qui encombrent mon âme.

Je relève la tête et m'aperçois que je tremble. Mon asthme se calme. Tout mon corps réclame une étreinte, un réconfort physique. Alors, guidé par une force obscure, je progresse vers le fond de la grotte, vers une nuit plus complète encore. Mondragon ne me fait plus peur. Les parois se rapprochent de mes épaules mais je poursuis à reculons, dans un boyau ; je me trouve bloqué dans de la glaise tiède. La terre m'enserre et me caresse. Je sens que ma voix intérieure est en train de muer. Je suis enfin tendre avec moi, je vis au présent...

Au réveil,
j'aperçois une
lueur. Il doit
déjà faire
jour. Saisi par
un formidable
désir de vivre,
je me dégage
de la glaise
et, en ram-
pant, sors du
boyau pour
gagner l'en-
trée de la grot-
te. Une vigueur
nouvelle anime mon corps.
Combien de temps ai-je dormi? Le
soleil est au zénith. Lavée par les pluies, la
végétation de l'île me paraît revigorée ; elle m'écla-
bousse de ses couleurs. J'ai le sentiment d'avoir vécu
jusque-là dans un monde en noir et blanc. Le rose fuchsia
des lauriers-roses en fleur, le jaune des mimosas, le vert des
eucalyptus, le bleu de la mer me brûlent presque la rétine.

180

Je me dirige vers les débris de mon campement et, tout à coup, m'arrête. Ai-je rêvé ? L'air n'est plus fade. Mon nez a capté une odeur d'eucalyptus qui, en se libérant autour de moi, rehausse l'atmosphère sans goût que je respire sans plaisir depuis plus de vingt ans. Stupéfait, je reprends mon souffle. D'autres effluves méditerranéens envahissent mes sinus, réactivent ma mémoire olfactive. Je viens de recouvrer l'odorat du Petit Sauvage ! Tout mon être SENT à nouveau.

Entraîné par une joie enfantine, je m'élance vers un citronnier sauvage en fleur, enserre son tronc, bois son odeur entêtante, me roule dans le jasmin en dégustant l'onde de son parfum, hume la terre, les cailloux, me laisse pénétrer par une senteur de basilic, me perds dans les molécules odorantes d'un genévrier, m'oublie dans des fragrances complexes, sereines ou vives. Ivre d'un bonheur simple, je me livre à cette orgie d'effluves en pleurant.

Alexandre Eiffel, lui, ne versait jamais de larmes. A force d'étrangler ses émotions, il était parvenu à n'en éprouver que de modérées. Peines chétives et bonheurs riquiqui étaient son lot d'adulte caparaçonné. Sa pseudo-virilité y trouvait son compte.

Allongé sur la grève d'une petite crique, baignant dans les arômes qui m'environnent, je sens alors qu'un phénomène étrange se produit en moi : mes mots se rechargent de sens.

Quand Monsieur Eiffel disait j'aime, il entendait qu'il ne détestait pas. Ses paroles ne reflétaient aucun mouvement de son cœur ; il ne ressentait plus les termes qu'il employait. Les mots du Petit Sauvage, eux, étaient gonflés de signification. Ses verbes palpitaient, ses adjectifs frissonnaient, ses épithètes bondissaient. Lorsqu'il s'écriait j'ai faim !, il avait vraiment **FAIM**.

Etendu sur la plage, je suis **HEUREUX, ICI ET MAINTENANT**. L'envie de chanter ma **PLÉNITUDE** me prend. J'ouvre la bouche, entonne *Let it be* de John Lennon et, à ma grande surprise, entends que je chante juste. Ma voix se place sans difficulté, avec harmonie. Je me redresse, attrape une pierre plate avec ma main gauche et réussis un triple ricochet sur la mer. Effaré, je réitère mon essai, avec succès. Le gaucher en moi est ressuscité ! **J'HABITE À NOUVEAU MON CORPS**.

Mais, soudain, un relent interrompt mon euphorie. Un autre homme a débarqué dans ma retraite. Je viens de flairer sa présence, son odeur persistante et âcre. Agacé d'être importuné en un tel moment, je cesse de chanter et escalade avec aisance un vieil olivier pour tenter d'apercevoir ce visiteur.

Personne. Aucune silhouette ne se profile dans mon île, aucun bateau ne s'est échoué sur les plages de mon paradis. Pourtant, l'odeur est là. Perplexe, je redescends de mon arbre. L'homme a dû dissimuler son bateau. Il se tient à couvert. Pourquoi ? Une peur diffuse me gagne. Je n'aime guère le parfum triste qu'exhale sa peau. Où se trouve cet inconnu que je ne peux pas sentir ?

Inquiet, je me mets à fouiller l'île. Partout où j'arrive, il semble s'être carapaté quelques instants auparavant, comme s'il me redoutait. Des bribes de son odeur flottent encore dans l'air. Il est vrai que mon abord ne doit pas inspirer confiance. Mes vêtements sont presque en haillons. Je porte des cheveux fort longs et une barbe que j'ai cessé de raser depuis... longtemps ; mais je suis resté propre et ne lui ai témoigné aucune animosité.

Je m'avance sur un promontoire de roche rose qui domine une calanque et crie :

— Montrez-vous ! N'ayez pas peur !

Et l'écho de me répondre :

— ... n'ayez pas peur !

Subitement, je comprends que je suis seul. L'inconnu, c'est moi ! L'odeur de faisandé est celle de mon corps de trente-huit ans. Je ne pouvais la reconnaître ; mon odorat s'est éteint dans ma seizième année.

Je pue l'adulte.

Troublé, je retourne vers les vestiges de ma cabane en songeant à la vanité de mon dessein. Espérer me soustraire au diktat du temps était bien illusoire. Le corps, lui, n'échappe pas à l'âge. Mais je me sens désormais capable d'apprendre à aimer ma nouvelle odeur.

Qui suis-je à présent ? Alexandre Eiffel n'est plus. Le Petit Sauvage respire dans un corps qui empeste l'adulte. Pff... tout cela me paraît bien embrouillé.

Intrigué de voir quel visage a bien pu émerger sous ma barbe au cours de mon séjour en solitude, j'attrape mon rasoir au fond d'une malle épargnée par les vents, fais bouillir de l'eau douce et commence à me raser de la main gauche devant un morceau de miroir brisé par la tempête.

Peu à peu, une figure apparaît, très différente de celle que je présentais le jour de mes retrouvailles avec Lily. J'étais alors bouffi de suffisance et affligé d'une mine pâle d'homme de bureau. Mes rides de fatigue aggravaient le sérieux de mes expressions. Ma bouche dégoûtée accentuait l'air décharmé de tout qui se marquait sur mes traits affaissés. L'œil ennuyé, lointain, je me tenais toujours dans la réserve cauteleuse qu'affectaient mes relations d'affaires.

Au lieu de cela, je découvre une physionomie qui promet de l'imprudence et de l'espièglerie, des yeux fripons qui sourient à la vie, une fraîcheur de teint. J'ai maigri. Mes rides prématurées se sont estompées ; mon front tendu est sans nuages. Il règne dans toute ma face une harmonie et une vivacité qui m'étonnent moi-même. Mon arrogance d'antan a fait place à un air de sincère timidité que mon maintien ne dément pas ; mais on devine sous ces dehors une effronterie sans limites, une propension à commettre des actes de chenapan. Je ne parais pas bon mais **VIVANT**.

Pour la première fois, je me ressemble.

Il n'est plus nécessaire que je continue à singer le Petit Sauvage. Lui rendre visite de temps à autre, lors de douces rêveries ou en dialoguant avec ma main gauche sera désormais suffisant.

Je ne suis plus Alexandre Eiffel ni le Petit Sauvage ; **JE SUIS ALEXANDRE** !

L'heure était venue de retourner auprès de Manon.

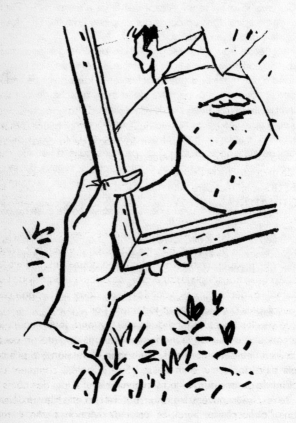

Le lendemain matin, je m'éveillai fort tard, baigné dans des senteurs délicieuses. Je commençais déjà à m'habituer à mon odeur d'adulte. En marchant sur la plage de la côte est, je remarquai des traces régulières dans le sable.

Je m'approche et découvre... des empreintes de pieds. Mes **DÉSIRS** ont recouvré leur faculté d'influer sur le réel ! Je **SOUHAITAIS** trouver un moyen de regagner le continent ; le destin m'envoie un sauveur.

Je m'accroupis et examine l'empreinte avec attention. Ce n'est pas celle de mon pied ; il s'agit bien d'un enfant. Mon Vendredi ne doit pas avoir plus de dix ou douze ans. Je lève le nez. La brise transporte jusqu'à moi une odeur humaine que j'ai du mal à déchiffrer ; le vent la dilue dans les fragrances d'eucalyptus qui imprègnent fortement l'air.

Je suis les traces, le long de la mer ; quand, tout à coup, je perçois une odeur de jeune femme. Surpris, je jette un coup d'œil sur une des empreintes. Dans mon obsession, j'ai pris ce petit pied pour celui d'un gosse ! Suis-je bête... comment un enfant de dix ans aurait-il pu s'aventurer seul si loin des côtes ?

Je respire à nouveau le parfum naturel de cette fille qui dérive dans l'atmosphère. Serait-ce celui de Manon partie à ma recherche ? Il me plairait de le croire mais cela ne me semble, hélas, guère probable. Manon ignore totalement où je me trouve et, bien que je ne connaisse pas son odeur de femme — mon nez était encore aveugle lors de mon départ — je suis presque certain que ce sillage entêtant n'est pas le sien. La présence de cet effluve ne lui correspond pas. Manon doit sentir le rire de bébé, l'imprévu, le petit matin ; alors que la peau de cette jeune femme exhale un étrange bouquet dans lequel se mêlent des nuances qui évoquent la sagesse, la passion et le tourment. Follement intrigué, je persévère dans mes recherches et finis par tomber sur son bateau, un catamaran blanc échoué sur une plage. La voile est affalée.

Guidé par mon odorat, je gravis un escarpement et, soudain, aperçois ma visiteuse qui se baigne nue dans les eaux claires d'une crique. Son corps paraît presque transparent tant il est pâle. Cette fille de moins de trente ans offre à l'œil assez de beauté pour m'émouvoir. Je m'émerveille, non à la manière d'un voyeur mais avec les yeux d'un gosse qui surprend pour la première fois les charmes d'une silhouette féminine. Ses gestes lents lui prêtent une dignité qui m'impressionne. Le naturel peint sur son visage rend sa vivacité d'expression touchante. Les mouvements de ses cheveux agacent mes sens ; elle les noue avec une grâce digne de celle de Fanny.

Je m'avance, l'interpelle.

Elle se retourne, me voit et se drape avec calme dans un linge blanc qu'elle noue au-dessus de ses seins. Mon aspect hirsute l'étonne, mais elle ne manifeste aucune crainte ; rien ne semble pouvoir lui en inspirer. Je sens en elle une prodigieuse capacité d'adhérer à ce qui advient.

Je lui rends son sourire et dis :

— Quel jour sommes-nous ?

— Vendredi.

— Le combien ?

— Le vingt-huit.

186

— Juillet ? lançai-je en songeant que nous devions être le vingt-huit juin.

— Non, me répondit-elle effarée. Le vingt-huit septembre.

— J'ai fait naufrage sur cette île le six juin, murmurai-je avec stupéfaction.

Quatre mois s'étaient donc écoulés, cent quatorze jours au cours desquels le sort m'avait préservé de la folie du monde des grandes personnes. J'avais eu l'impression de passer quelques semaines sur mon île.

— Je m'appelle Alexandre.

— Moi Alice.

Pressé par ses questions, je lui racontai mon histoire, sans rien omettre. La compréhension qui se lisait dans son regard était telle que je n'éprouvais aucun sentiment de ridicule en m'exposant à son jugement. Puis, mise en confiance, elle me parla de sa vie en des termes qui me déconcertèrent.

— Demain, je vais m'unir à mon fiancé et m'enfermer avec lui jusqu'à ma mort ! s'exclama-t-elle avec joie.

— Tu te maries demain ?

— En quelque sorte.

— Et... qui est ton fiancé ?

— Il est bon, et doux aussi. Ses mots sont un miel dont je ne me lasse pas. Son corps est la seule nourriture qui me rassasie.

— Pardon ?

— Boire son sang, c'est boire à la source de vie.

Je demeurai effaré. Cette fille d'aspect inoffensif évoquait son cannibalisme et son goût pour la séquestration avec un enthousiasme qui me mettait mal à l'aise. A l'entendre, elle raffolait de son amant — un type épatant — et atteignait l'extase en songeant seulement à lui ; mais elle ne pouvait se retenir de le manger par petits bouts, quotidiennement ! L'espace de quelques secondes, j'imaginai avec effroi le pauvre

187

type enchaîné à un radiateur au fond d'une cave, se faisant dévorer un doigt de pied le lundi, une oreille le mardi et que sais-je le mercredi...

— Ça vous fera tout de même une drôle de vie conjugale...

— Pour nos noces, je m'allongerai dans un cercueil et me couperai les cheveux, à ras.

— A ras...

— Demain je serai Sœur Alice de Jésus Marie.

Elle éclata de rire.

Stupéfait, j'écarquillai les yeux. Alice venait d'achever son noviciat et devait prendre le voile le lendemain, dans un couvent de Carmélites ! Son promis était le Christ, un céleste amant qui la comblait, disait-elle. Vingt-quatre heures avant le grand saut, elle s'était rendue dans l'île pour prier et dire au revoir au monde.

— ... je veux emporter de l'extérieur une dernière image splendide. Alors je suis retournée ici. Mon grand-père m'emmenait pique-niquer sur cette île quand j'étais petite...

— Tu vas vraiment t'enfermer jusqu'à ta mort ?

— Je préfère dire me libérer du poids du monde pour **VIVRE VRAIMENT, EN ÉVEIL**.

Nous parlions la même langue. Ses paroles étaient chargées d'émotions qui affleuraient de temps à autre sur son visage ; ses verbes avaient la force des mots ressentis. Notre causerie se poursuivit autour d'un poisson grillé, sur un ton de totale sincérité ; lorsque, tout à trac, elle m'interrompit :

— Alexandre, le Petit Sauvage n'existe pas. Tu l'as rêvé.

— Rêvé ?

— Les enfants changent constamment. Ils ne sont que mouvement, métarmophose. Un gamin n'existe que dans le moment présent. Le Petit Sauvage à sept ans n'était pas

188

le même à huit ans, à neuf, à douze. L'enfance, ça n'existe pas ; c'est une invention des adultes ! Il y a de nombreux Petit Sauvage, tous très différents.

Je demeurai muet, presque en état de choc. L'assertion d'Alice était si vraie, si simple que je ne savais que répondre. Je m'étais donc identifié à un songe, depuis le début de mon aventure.

— Mais enfin... balbutiai-je. Etre enfant ça veut bien dire quelque chose !

— Oui, ne pas perdre le secret du mouvement perpétuel.

Quel sot avais-je été d'imaginer que ma renaissance dans l'île ferait de moi une fois pour toutes un homme accompli, enfin digne du gosse que j'avais été. Cet événement marquait seulement le début de l'odyssée qui m'attendait.

— Cela dit, reprit Alice, il n'est pas interdit de croire en une illusion ! Mais... si au lieu de jouer au Petit Sauvage, tu devenais un enfant qui joue à l'adulte ?

Comme illuminé par les paroles qu'elle venait de proférer, je méditai un instant, lui souris et dis :

— Je vais apprendre à jouer à l'adulte...

Merveilleuse Alice... Cette maîtresse du Christ était d'une clairvoyance qui m'éclaira de façon décisive. Etre un enfant qui joue à l'adulte, n'était-ce pas **LE CHEMIN ?**

Nous passâmes la soirée dans l'île, devant un feu, dans une intimité délicieuse. Je lui plaisais, elle me charmait, le moment portait à l'abandon ; mais au lieu de nous croire obligés de faire l'amour, nous écoutâmes nos corps et fîmes la tendresse dans un accord tacite merveilleux. Blottis l'un contre l'autre, nous dérivâmes longtemps dans la douceur. Il ne fut pas question de sexe. Nous sentions que ce câlin était l'étreinte qui convenait à nos sincérités.

Le lendemain, ma nouvelle vie devait débuter.

Je tournai la page.

Nous appareillâmes vers midi, à bord du catamaran blanc. Alice tenait la barre ; j'étais aux écoutes. Une bonne brise nous éloignait à vive allure de ce petit bout de terre qui m'avait vu renaître. J'étais déjà nostalgique de la longue intimité avec moi-même que je venais de connaître ; mais je savais que mon île était désormais en moi. Pour la retrouver, il me suffirait de fermer les yeux et de m'abandonner dans une rêverie éveillée.

J'appréhendais quelque peu mon retour parmi les grandes personnes. En éliminant Alexandre Eiffel, je m'étais départi d'une carapace. Si j'étais apte à connaître des bonheurs proches de la complétude, je pouvais également souffrir plus douloureusement des peines que me causeraient les adultes. Comment Alexandre serait-il accepté par leur monde ? Cette crainte me quitta quand j'aperçus les côtes de la France. A cette vue, mon sang nouveau me battit les tempes. Manon m'attend, pensai-je, le cœur gonflé de joie. J'ai trente-huit ans, *radioactif* et ne me sens plus *obligé* par rien ; ma vraie vie démarre ! Je suis un enfant disposé à jouer à l'adulte. Et pour commencer, j'épouserai Manon afin de jouer avec elle au couple marié. Notre quotidien imprévisible, imprudent, n'aura rien de comparable avec celui que j'ai connu avec Elke. Nous changerons souvent la règle du jeu, au gré de notre fantaisie, et refuserons toujours le piège sournois des habitudes. Je veux bien troquer notre cabane contre une maison car je sais aujourd'hui que j'ai assez d'enfance en moi pour y vivre comme si nous étions dans une cabane ! Puis, ainsi que je l'avais imaginé petit garçon, je deviendrai le Nez des Parfums Tonnerre, un Nez subversif qui ébranlera les sociétés de grandes personnes en commercialisant des fragrances capables de réveiller le gosse ou la gamine assoupis au fond de soi. Cette vieille idée me chatouillait à nouveau.

Je ne doutais pas une seconde de la réalisation de mes souhaits. Mes **DÉSIRS** n'avaient-ils pas retrouvé leur toute-puissance ? Je ne tolérerais plus de compromis. Ou ma vie était aussi belle que celle dont j'avais rêvé enfant, ou je voulais mourir. Là était ma force.

Le catamaran voguait sur la houle qui se creusait. J'étais heureux, pleinement confiant. Il ne me restait plus qu'à me laisser exister avec naturel. Je pouvais remettre une montre à mon poignet, récupérer mes cartes de crédit et racheter une voiture, plutôt que de circuler sur un vélo rouge. L'heure n'était pas aux artifices. Bah... le mal de mer, comme c'est pénible...

Dieu merci, en pénétrant dans les eaux de la baie de la Mandragore le bateau cessa de tanguer. Je repris mes esprits. Nous approchions du but. Des bribes de musique provenaient du jardin de la villa des Tonnerre. Ils donnaient une réception. Etaient-ils en train de lancer un nouveau parfum ? Il semblait y avoir du monde. Des journalistes ? Cette société brillante et nombreuse m'inquiéta. Quatre mois de solitude m'avaient déshabitué du commerce de surface avec les hommes. Débarquer dans un cocktail pour demander Manon en mariage ne me plaisait guère.

Je mis pied à terre avec appréhension et fébrilité dans le petit port commun à nos deux propriétés, saluai Alice et lui dis sottement :

— A bientôt.

— Non.

— Pardon.

— Joue bien à l'adulte...

Elle me sourit et repartit par la mer ; mon esprit n'était déjà plus occupé que de Manon. Dans la foule d'élégantes et d'hommes en frac qui se pressaient devant l'orangerie des Tonnerre, je ne l'apercevais pas. Dépenaillé comme je l'étais, je n'osais m'avancer ; quand je la vis.

Manon marche en souriant dans le jardin de sa mère, vêtue d'une robe de mariée, au bras d'un homme qu'une voix interpelle. Bertrand ! Bertrand ! Il se retourne. Elle rajuste son voile avec nonchalance. Ahuri, je regarde ce spectacle sans bouger. Manon continue sa progression ; tout dans son allure trahit sa jubilation. L'espace d'un jour, elle vit son rêve de petite fille : elle est une star, regardée par tous. Les invités soulignent d'un sourire chacun de ses propos. Les silhouettes masculines se tournent vers elle.

Je suis écrasé de **DOULEUR,** compressé par un coup violent. Une tristesse noire s'insinue dans mon cœur qui se resserre ; il s'infecte tout entier. Je reste engourdi, roulant dans un abîme de détresse muette. *J'ai envie de mourir...*

Manon m'aperçoit.
Je respire à nouveau.
Son regard se fige, sa nuque se raidit.
Elle se ressaisit, abandonne sa noce et s'approche de moi. Je respire moins mal. Nous sommes sur le ponton de bois du petit port, face à face. Je sens son odeur légère qui exerce sur

mes sens un irrésistible pouvoir. *Quatre mois, c'était trop,* murmure-t-elle. Puis elle ajoute : *J'ai besoin d'un homme, pas d'un petit garçon.* J'essaie de lui peindre celui que je suis à présent. Elle ne veut plus m'entendre. *La lassitude,* dit-elle. Le sort vient de me vaincre. Manon est désormais au nom d'un autre. *J'ai fait un choix,* répète-t-elle à plusieurs reprises. Essaie-t-elle de se convaincre ? Non, elle semble déterminée à m'échapper. *Nous partons pour le Québec,* reprend-elle, *Bertrand est appelé là-bas, dans un hôpital spécialisé. Et puis j'ai trouvé un poste de prof de géologie à l'Université de Montréal. Une chance...*

— Oui, oui... m'entends-je répondre.

Elle me serre la main brièvement, comme si elle craignait que ce contact ne se prolonge, et s'éloigne. Sonné, je me dirige vers la Mandragore.

Célestin a travaillé avec acharnement pendant mon absence. Le jardin de mon enfance a refleuri. Les plates-bandes ont été reconstituées ; les rosiers ont retrouvé leur splendeur de jadis. Mille effluves anciens montent jusqu'à mon nez et ressuscitent mon passé. Le temps est enfin aboli. Je devrais être heureux mais ne trouve en moi que désolation et amertume. Je n'ai pas même l'énergie de m'insurger contre le destin. Quel enchaînement absurde... Manon s'envole pour le Québec au moment où je suis assez mûr pour l'aimer. Pourquoi faut-il toujours que l'*autre* soit un obstacle irréductible ?

Désemparé, je pénètre dans le grand salon de la Mandragore. Tout-Mama est alitée, drapée dans des châles. Ses yeux sont vides, cerclés de vaisseaux éclatés. Par instants, sa mâchoire se déboîte presque sous l'effet de tremblements convulsifs. Elle se redresse avec peine et me lance d'une voix pâlotte :

— Pascal... je t'attendais. Tu m'as tellement manqué, mon petit Pascal.

Un rictus hideux tord son vieux visage.

Horrifié, je reste immobile. Tout-Mama me prend pour mon père ; elle semble avoir oublié son décès. Une porte grince en s'ouvrant. Célestin apparaît, plus courbé que jamais ; il me susurre avec gravité :

— Elle attendait le retour de son fils pour s'en aller...

— Pascal, viens là que je t'embrasse, murmure-t-elle.

Plongée dans les transes d'une interminable agonie, Tout-Mama a égaré sa raison. Elle n'est plus qu'un cœur, qu'une mère qui n'a jamais su dire amen au décès de son fils. A la fois saisi d'angoisse et bouleversé jusqu'au tréfonds, je la serre contre moi et consens à adoucir ses derniers instants en me prêtant à cette comédie effrayante :

— Je suis là...

— Mon petit, mon petit Pascal, je savais que tu reviendrais. Tu vas mieux ?

— Je suis guéri, ce n'était pas un cancer.

— Mon amour, j'ai eu si peur... si peur.

Ses doigts usés palpent ma figure. Sa vue doit être en train de la quitter. Je rassure cette maman meurtrie. Elle crache, siffle, s'étouffe dans ses glaires. Ses poumons renâclent à exécuter leur tâche et ses bras émaciés décrivent dans l'air des mouvements désordonnés. Le dernier acte est abject...

— Porte-moi dehors, chuchote-t-elle, j'ai besoin d'air. Pascal, vite.

Je la prends dans mes bras et la transporte en toute hâte sur la terrasse qui domine le jardin, près de la cage de Lily ; puis je l'allonge avec douceur dans un transat.

— J'ai froid, froid... râle-t-elle.

Je frictionne ses chairs moites, lui parle avec douceur :

— Est-ce que tu sens le mimosa, les roses de Chine et les odeurs de tulipes ?

— Oui...

— Le jardin a refleuri. Tu as trente ans, tu es belle. La vieillesse, ça n'existe pas. Le jardin embaume ta jeunesse, respire.

Un sourire se dessine sur ses lèvres et réveille sa physionomie empesée. Les yeux mi-clos, elle respire l'air de l'époque où elle fut une jeune femme courtisée, les effluves de ce parc dans lequel elle rêva de ses amants. L'espace de quelques minutes, elle croit avoir trente ans ; elle en redevient presque belle. Quand, tout à coup, une toux sèche déchire sa poitrine. Ses doigts osseux se crispent sur les miens. Je suis seul, irrémédiablement **SEUL**.

Sans réfléchir, je me lève, ouvre la porte de la cage de Lily et la laisse s'échapper. Ses ailes se déploient. Elle monte dans le ciel et se confond avec le soleil.

La semaine de deuil qui suivit fut aussi triste qu'un faire-part de décès. J'errais dans la Mandragore avec le chien Marcel, au milieu de ce décor d'une époque fanée, ravagé par la peine, oppressé, désorienté. La vie venait de me priver du regard de Tout-Mama et de me ravir celle en qui j'avais placé toute ma tendresse, et mon amour aussi. Dieu s'était retiré de mon âme.

Un croque-mort obséquieux et commerçant me débarrassa du cadavre roide de ma grand-mère. Souhaitez-vous un cercueil en chêne massif, en simili bois ? Avec des poignées dorées ou chromées ? Si vous prenez le crucifix en laiton, je vous fais une remise de 15 % sur le tout. J'étouffe. Désespoir sans fond. Descente dans l'affreux négoce de la mort ; puis l'administration réclama son dû de formalités. Coup de tampon à la Mairie. Tête du notaire courtois jusqu'à l'excès. Serroté dans un costume taillé pour le jeune homme qu'il n'est plus, il ouvre le testament de Tout-Mama, le lit en affectant une mine circonstanciée :

Je lègue mon âme à Dieu, mes souvenirs au vent et mon sens de l'humour à mon petit-fils Alexandre.

Faites graver sur ma tombe: "J'ai assez ri."

Marie Eiffel
née Sauvage
Le 24 Mai 1958

Soudain la fraîcheur de ton de Tout-Mama m'illumine et atténue mon désarroi. Un sourire apparaît sur mes lèvres. Fait-il beau ? J'en ai l'impression. Comment ai-je pu oublier de rire de ce qui m'arrive ? Le Petit Sauvage n'était pas si grave, même lorsqu'il souffrait.

En sortant de chez le notaire, je file à la Mandragore, saisis deux stylos, un dans chaque main, et me mets à dialoguer par écrit avec le Petit Sauvage. Peu m'importe qu'il ne soit qu'un songe ; je souhaite croire qu'il sait dans quelle direction je dois m'engager.

— Que faire ? lui demande ma main droite.

Et la gauche de me répondre :

— Imbécile ! pourquoi as-tu laissé Manon se tirer avec un autre que toi ?

— Elle venait de se marier quand je suis arrivé.

— Et alors ? Reprends-la !

— Elle a fait un choix.

— Si tu **VEUX** vivre avec elle, tu le peux. Tu es désormais tout-puissant. Tes désirs ne sont-ils pas des **DÉ-SIRS** ?

Secoué, je pose mes deux plumes. Le Petit Sauvage a raison. Pourquoi me suis-je résigné si promptement ? Le séisme affectif que je viens d'essuyer m'a fait oublier que dans mes veines coule à présent un sang *radioactif*. L'impossible est à ma portée.

Je décidai séance tenante de reconquérir Manon. Comment ? Je devais tout d'abord réduire mes doutes ; puis je me conduirais avec Manon comme un enfant qui joue à l'adulte. Ma cour serait celle d'un homme confiant dans le pouvoir de ses **DÉSIRS** et disposé à écouter sa fantaisie. Au diable la gravité ! Que le grand jeu commence ; je m'étais suffisamment complu dans la morosité. Tout-Mama n'aurait guère apprécié que cette affliction se prolongeât.

Ma résolution ranimait ma malice d'antan et mon naturel turbulent, folâtre et insolent. Aussitôt, je réservai par téléphone — Tout-Mama avait fait rétablir la ligne — un billet d'avion pour Montréal, ville que je connaissais bien. Dans la foulée, je fermai les volets de la Mandragore.

Que faire de cette maison ? La conserver n'avait plus de sens ; mais je ne l'avais pas restaurée dans sa splendeur pour m'en défaire à présent. Un instant je fus tenté de l'incendier pour qu'elle n'existât plus que dans ma mémoire. J'optai finalement pour une solution moins ruineuse qui satisfaisait davantage mon cœur : je la laisserais à l'abandon, jusqu'à ma mort. Le lierre recouvrirait un jour les volets de bois. Des herbes folles envahiraient les abords et, au fil du temps, le parc ressuscité par Célestin disparaîtrait sous les ronces. Peu à peu, la Mandragore se nimberait d'un halo de mystère. Mon enfance serait alors protégée par la végétation, comme endormie par une fée.

Je confiai Marcel au vieux Célestin et descendis dans le jardin faire mes adieux définitifs aux grands arbres.

— Adieu le cèdre, adieu le séquoia... murmurai-je, la gorge serrée.

Puis je fermai la porte
d'entrée de la Mandragore

... Et me rendis
jusqu'au port.

Au bout de la digue, je
jetai la clef dans la mer

Ma vie d'homme
commençait.

J'embarquai à bord de l'avion pour Montréal déguisé en grande personne. Je portais un costume de flanelle grise et toute la panoplie requise pour avoir l'air adulte : une paire de chaussures cirées, une cravate assortie à ma chemise bien repassée, une grosse montre qui indiquait la date, un assortiment de cartes de crédit et l'inévitable mallette ; elle ne contenait qu'un paquet de biscuits mais je jugeai cet accessoire nécessaire afin de bien entrer dans mon nouveau rôle.

Dans l'avion, j'observai quelques hommes d'affaires pour me remémorer leurs attitudes. L'un grattait sa calvitie en consultant le *Financial Times* ; je priai une hôtesse de m'en apporter un exemplaire que je m'obligeai à lire en me grattant le crâne. Imiter l'homme que j'avais été m'amusait. Un autre travaillait assidûment sur son ordinateur portable ; mais dans mon étourderie je n'avais pas pensé à m'en procurer un. J'avais également négligé de me munir d'une calculette et d'un carnet de rendez-vous. Personne n'est parfait.

Au milieu des nuages, je songeai que seul un enfant pouvait croire en la reconquête de Manon. Raisonnablement, l'entreprise était vouée à la déconfiture. On ne se marie pas pour rompre et divorcer quinze jours après. Manon n'avait guère de goût pour l'adultère ; elle me l'avait assez répété. Et puis, elle avait arrêté un choix et, selon toutes apparences, aimait tendrement son Bertrand. Mais le cœur n'a-t-il pas ses raisons qui se moquent de la raison ? Le mien me disait de persévérer.

Plus je m'écoutais, plus j'étais certain que ma passion viendrait à bout de la résistance de Manon, si opiniâtre fût-elle ; et je sentais que l'assurance pleine de gaieté qui m'envahissait était ma meilleure alliée. N'est-il pas troublant d'être l'objet d'un amour qui ignore le doute ? Ah, la griserie que d'être convoité avec ferveur... Il y a dans les pupilles de celui qui vous **DÉSIRE** je ne sais quel attrait mystérieux, un miroir déformant qui rend si charmant à ses propres yeux. Combien d'inclinations naissent en écho et comme l'on s'éprend plus aisément de qui nous aime. Ma certitude ne tenait pas de l'orgueil et n'était le fruit d'aucun calcul ; elle procédait d'un élan intérieur que rien ne pouvait tempérer.

Mes sentiments pour Manon étaient aussi vifs que ceux que le Petit Sauvage avait éprouvés pour Madame de Tonnerre. Je lui trouvais toutes les grâces héritées de sa mère rehaussées par un piquant qui lui était propre. Son esprit continuellement en mouvement promettait une vie conjugale qui demeurerait un jeu grave et léger. Et elle manifestait un tel goût pour les étreintes sans fin...

En remontant l'interminable rue Sherbrooke pour me rendre chez Bertrand et Manon, je respire l'automne montréalais. Autour de moi s'étale le gigantesque chantier des villes du Nouveau Monde. Des terrains vagues bordés de cubes en béton succèdent aux gratte-ciel roses, verts et bleus qui, par moments, semblent se soulager en lâchant de grandes bouffées de fumée blanche ; puis une forêt de petits immeubles surgit. Les rues sont tapissées de grosses carrosseries américaines qui, dans les virages, bercent mollement leur conducteur sur des amortisseurs élastiques.

Rien n'est vraiment très beau ; tout m'émerveille et me charme.

A chaque fois que je retourne à Montréal, j'ai le sentiment de revenir à moi. Je n'y suis pas né mais ce pays sourit à ceux qui n'ont pas mis à mort l'enfant qui tente de survivre en soi. Il y a, me semble-t-il, moins de grandes personnes au Québec qu'en France. Au bord du Saint-Laurent vit une poignée d'enfants francophones qui jouent aux adultes, et qui le savent. A Paris, nous nous livrons également à cette comédie ; mais nous ne savons pas que nous jouons.

Rue Hutchinson, j'aperçois une enfilade de maisons anciennes en brique. On accède au premier étage par un escalier métallique extérieur. L'une d'elles est à louer ; un endroit possible pour s'entraîner au bonheur avec une femme. Je prends en note le numéro de téléphone indiqué sur le panneau publicitaire. C'est sous ce toit d'Amérique du Nord que je veux faire des petits à Manon, dans cette contrée dont nos gamins attraperont l'accent, cette musique sur laquelle il est difficile de mettre des paroles vides d'émotions. D'ailleurs j'apprendrai cet accent qui rend gai, inconsolable et tendre à la fois. Ma mue sera alors achevée.

Sur Prince Arthur Ouest, je cherche le numéro 315. Fanny de Tonnerre m'a donné l'adresse de Manon avant de partir. Le 315 est une église ; j'ai dû mal écrire le numéro.

Je trouve une cabine téléphonique, appelle les renseignements qui me confirment que Bertrand et Manon Watteau ont bien élu domicile au 315 Prince Arthur Ouest. Perplexe, je retourne à l'église, pousse le grand portail de bois et, ô surprise, tombe sur une porte vitrée et un interphone. L'église a été transformée et divisée en appartements ! Je suis bien en Amérique. Mon Dieu — Manon — vit dans une église...

Je sonne. Personne. Le soir tombe ; la froidure automnale commence à se faire sentir. Je ne vais pas patienter dans la rue. Le décalage horaire m'engourdit d'épuisement. Un trombone me permet de franchir l'obstacle de la porte vitrée — ne suis-je pas un ex-fabricant de clefs ? — puis, en maniant le même objet avec soin, je parviens à faire jouer la serrure de leur deux-pièces, sans la brusquer.

Je pénètre chez Manon et Bertrand, sous les toits qui abritent le cœur de l'église. L'un et l'autre sont absents. Je suis trop groggy de fatigue pour éprouver la moindre gêne. Dans un miroir, j'aperçois un homme livide qui a oublié de se raser. Je lève la main ; il lève également la sienne. C'est donc moi. Un brin de toilette me ferait le plus grand bien. Je ne peux pas me présenter devant Manon dans un tel état ! Au fond de la salle de bains, la baignoire me paraît accueillante. J'ouvre les robinets, me dévêts et m'allonge dans l'eau chaude. Mm... Mmm... délices et voluptés du bain... Non, je ne DOIS PAS

M'ENDORMIR ! J'OUVRE

MES YEUX EN

GRAND. MAIS PEU

À PEU MES PAUPIÈRES SE REFERMENT,

JE NE VOIS plus rien... rrr... rrr...

Ah !

crie soudain Manon, campée sur le seuil de la salle de bains. Je m'éveille en sursaut et éternue. L'eau du bain est froide. Combien de temps ai-je dormi ? Manon demeure immobile, pétrifiée de surprise.

— Qu'est-ce que tu fais là ? balbutie-t-elle.

— Pardonne-moi, je me suis endormi... le décalage horaire.

— Qu'est-ce que tu fais ici, à Montréal, chez moi ? !

— Peux-tu me laisser un instant ? J'aimerais sortir de l'eau... elle est froide.

Manon reflue vers le salon. Je me sèche prestement, me rhabille et, tout à coup, hume son odeur imprégnée dans un foulard que je subtilise et cache dans ma poche ; puis je la rejoins. Cette sieste inattendue m'a requinqué. Manon se tient face à moi, assise sur un tabouret. Sa raideur extrême trahit la nervosité qu'elle tente de dissimuler.

— Alors ! me lance-t-elle.

— J'ai repéré une maison, au 3450 rue Hutchinson, pas très loin d'ici. Je vais la louer demain et je t'y attendrai jusqu'au 30 novembre. Ça te laisse un mois pour réfléchir, dis-je calmement.

— A quoi ?

— Dans la chambre d'enfants, je mettrai sur les murs du papier peint avec des Mickey, ça te plaît ?

— Alexandre...

— J'y serai jusqu'au 30.

— Et si je ne viens pas ?

— Je veux que la vie soit aussi belle que celle dont je rêvais quand j'étais petit, ou mourir.

— C'est du chantage ?

— Non, puisque tu viendras ! Et puis, rassure-toi, le suicide m'a toujours fait peur...

— J'ai fait un choix.

— Moi aussi. Et tu seras ma femme ! dis-je avec joie. Je le **SAIS**. C'est drôle, je ne suis même pas anxieux. C'est tellement évident. Je le **SAIS**, c'est tout.

— Comment peux-tu parler avec autant de certitude ? !

— Manon, je t'attendrai jusqu'au 30, à minuit. 3450 rue Hutchinson.

Je ramasse mon manteau. Soudain la porte d'entrée s'ouvre. Bertrand surgit, une serviette en cuir à la main. Il porte sur le visage un air sensible ; la douceur de ses traits est contredite par son nez cassé de joueur de rugby. Il me sourit. Manon rougit et bredouille :

— Bonsoir, chéri... Alexandre Eiffel, un ami de passage à Montréal.

Illico, je rectifie :

— Non, c'est faux. J'ai été l'amant de votre femme, il y a un certain temps, et je suis venu au Québec pour vous la prendre. Pardon, Manon, je ne supporte plus l'hypocrisie.

Elle frissonne. Je sens que mon assurance pleine d'effronterie l'horripile ; mais j'entends vivre désormais dans la vérité. Les menteries des grandes personnes me sont devenues intolérables.

— C'est une plaisanterie ? demande Bertrand.

Posément, je réponds :

— J'ai donné à Manon un mois de réflexion. Et pendant ces trente jours, je ferai tout mon possible pour la séduire à nouveau. Absolument tout. Que ce soit bien clair.

Eberluée, Manon me regarde sans articuler un mot. Qu'un homme ait traversé l'océan pour elle et qu'il se présente à son mari en rival flatte la petite Manouche qui rêva jadis de chevaliers luttant pour gagner ses faveurs ; mais dans le même temps, elle paraît m'en vouloir de perturber la quiétude de son ménage.

— Est-ce que par hasard vous voudriez mon poing sur la gueule ? lâche tout à coup Bertrand.

— Franchement, non.

— Sortez.

— Vous semblez nerveux... vous n'êtes pas sûr de l'amour de Manon ?

— Tirez-vous.

— Vous ne pourrez pas dire que je vous aurai pris en traître.

— Barrez-vous ! ! hurle-t-il.

— Va-t'en maintenant, murmure Manon.

— Bonsoir... Ah j'oubliais, Manon, je t'ai acheté du parfum à l'aéroport.

Je sors un petit paquet-cadeau d'une poche de mon manteau, le pose sur la table basse et me dirige vers la porte. Saisi par une rage sans limites, Bertrand attrape la boîte et me la jette à la figure. Je n'ai que le temps de m'enfuir pour éviter le pugilat.

Dans la rue, je jubile. Mon **DÉSIR** de partager ma vie avec Manon commence à agir sur la réalité. Il m'a suffi de l'exprimer clairement, avec détermination, pour déstabiliser mon adversaire. J'imagine aisément les propos détestables que Bertrand a dû assener à Manon après mon départ : *Je te défends de le revoir ! Si tu lui reparles c'est fini !* Sans préméditation — tout s'est enchaîné si vite — j'ai introduit le ver de la jalousie dans leur couple. Un mois de défiance et d'espionnite devrait suffire à gâter leur amour. On se lasse vite d'un mari soupçonneux, toujours inquiet de savoir qu'un galant rôde autour de sa femme. *Pourquoi es-tu en retard ? Où étais-tu ? Arrête de mentir !*

On s'étonnera peut-être de me voir ruminer des pensées aussi malveillantes. Mais les gamins ne sont-ils pas des monstres ? Et puis, tout me semblait bon pour récupérer Manon, absolument tout.

Je ne lui avais pas raconté de fables : je **VOULAIS** que le monde devînt aussi beau que celui dont j'avais rêvé enfant, ou je souhaitais mourir. Il n'était plus temps de faire des compromis.

Je passai la nuit à l'hôtel, le nez enfoui dans le foulard qui retenait l'odeur de Manon, et louai dès le lendemain la maison sise au 3450 rue Hutchinson. Monsieur Louis s'était finalement porté acquéreur des CLÉS EIFFEL. Nous étions convenus qu'il me verserait chaque mois une somme rondelette qui couvrait amplement mes dépenses courantes ainsi que le remboursement de la Mandragore.

Dès que le téléphone fut installé, je m'efforçai de joindre Manon pour la consulter sur la décoration de notre future demeure. Souhaitait-elle que sa chambre fût repeinte en blanc ? Désirait-elle que j'aménageasse une petite piscine dans la salle d'eau, plutôt qu'une baignoire, afin que nous pussions y copuler plus à notre aise ? Ah... les voluptés aquatiques...

La première fois, je tombai sur Bertrand.

— Allô, dit-il.

— C'est Alexandre. Pourrais-je parler à Manon ?

Il raccrocha. Je m'étonnai de la puérilité de son attitude. Qu'espérait-il en se conduisant ainsi ? On ne garde pas une femme en élevant des murailles autour d'elle ; même dans un cachot, son cœur restera sujet à des mouvements incontrôlables et Bertrand ne pourrait m'interdire éternellement de l'atteindre. A sa place, j'aurais sans doute tenté de redevenir maître du jeu, plutôt que de me laisser gagner par l'angoisse de l'assiégé. Ne se serait-il pas montré plus habile en proposant à Manon de me suivre séance tenante? Elle aurait à coup sûr refusé — il était encore trop tôt — et je me serais trouvé fort embarrassé.

Le soir, je rappelai chez eux.

— Allô? fit la voix de Bertrand.

— Soyez intelligent, passez-moi Manon.

— Qu'est-ce que vous lui voulez?

— Je vous l'ai dit. Je souhaite vous la voler.

Dans l'appareil, j'entendis le timbre cassé de Manon qui s'approchait de lui. Bertrand raccrocha.

Aussitôt, je recomposai leur numéro de téléphone. Un répondeur s'interposa entre Manon et moi. Je laissai un message qu'elle devait écouter à l'autre bout de la ligne. Bertrand n'avait pu lui boucher les oreilles.

> — Manon, je vais aménager notre maison. J'ai besoin de tes conseils. Pour notre mariage, rassure-toi, je m'occupe de tout... Je t'attends, 3450 rue Hutchinson. Le 30, nous partons en voyage de noces!

Le jour même, je me procurai le matériel requis pour extraire l'odeur de Manon prisonnière de son foulard ainsi que les arômes dont j'avais besoin pour exercer le métier dont rêvait le Petit Sauvage : être Nez !

Dans un premier temps, je m'appliquai à enfleurer à froid le foulard, avant que l'effluve de Manon ne se dissipât totalement. Je voulais vivre en compagnie de ce parfum l'attente de son arrivée.

Cette idée semblera bizarre à tous les *infirmes* qui respirent sans vraiment goûter les particules odorantes qui flottent dans l'air ; mais pour qui sait percevoir avec le nez comme d'autres voient avec leurs yeux, la présence d'un parfum est presque plus réelle que celle de la personne qui en est la source.

211

Je découpai le
foulard en
petits
carrés
que je
déposai un
par un dans un
vase, en intercalant
entre chaque pièce de tissu une fine couche de coton
naturel imbibé d'huile de
Florence ; puis je scellai
le bouchon avec de la cire
et déposai le récipient
dans la cave, près
de la chaudière.

Une idée me vint alors. Puisque Manon ne souhaitait plus me parler — elle ne me rappelait pas — je lui dirais mon amour à travers un parfum *sur mesure*.

Avec fièvre, je me lançai dans la composition de cette fragrance singulière. Connaissant les senteurs que dégageait sa peau, je m'efforçai de créer un parfum en accord avec sa féminité si particulière ; je savais très exactement quels effets produiraient les essences que je choisissais lorsqu'elles s'amal-gameraient aux acides de son épiderme.

Je rêvais de lui offrir un effluve susceptible de mettre son éclat à l'abri des atteintes du temps, une illusion olfactive qui lui permettrait d'être toujours vue telle que dans la beauté de ses trente-deux ans, même lorsque les rides commenceraient à ruiner son visage.

Le résultat fut une réussite.

Humer ce parfum qui se dégageait lentement et subtilement dans l'air donnait le sentiment de respirer un synonyme odorant du mot beauté, suscitait une irrésistible inclination. Cette odeur était celle d'une femme de trente ans, pour l'éternité. J'en remplis un petit flacon que je glissai dans une enveloppe, avec une lettre dans laquelle j'expliquai à Manon que mon nez s'était éveillé ; puis j'écrivis de la main gauche son adresse sur l'enveloppe et la postai.

Manon de Tonnerre
315 Prince Arthur Ouest
H2X 3R8
MONTREAL

A mes yeux, elle serait toujours une Tonnerre.

Au petit matin, je descendis dans la cave, décachetai le vase et respirai le parfum de Manon.

                         Peu à
                         peu, en s'ex-
                         halant dans
                         l'atmosphè-
                         re, son
                         odeur
                 légère et grisante se mit
                 à flotter, devint presque con-
                 crète. J'eus alors le sentiment
                 que sa présence était s u s -
            pen- due dans les airs,   impal-
            pable,   invisible et   pour-
            t a n t tellement là.   S o n
            ê t r e se trouvait bien d e -
            vant   moi. Mon parfum arti-
            sanal   la restituait. J'allais pou-
            voir   la retrouver chaque fois que
            je le   souhaiterais en soule- vant
            l e   bouchon d'une bou-   teille!
            En-   ivré je me fondis en elle
                     dans un accord
                     parfait. Plus rien
                     ne nous s é p a -
                     rait ; et m o n
                     odeur mêlée
                     à la sienne
                     m e p l a i -
                     sait. Je versai
                     l'huile odo-
                     rante dans
                     un fla- c o n
                     q u e j e
                     refer- mai
                     avec soin.

il contenait la présence de Manon.

Heureux, je commençai à aménager notre maison selon ma seule fantaisie, puisque Manon persistait à se taire. Au premier étage, je meublai les trois chambres. L'une — la plus belle — serait réservée à notre premier enfant ; je la tapissai de papier peint Mickey et y installai un berceau en bois, une petite commode ainsi qu'une vaste table à langer. La seconde me serait dévolue ; la troisième serait celle de Manon.

Je souhaitais que nous fissions chambre à part, afin d'éviter un trop prompt déclin de nos désirs. Jouer au couple marié signifiait à mes yeux fuir le cortège de solutions calamiteuses auxquelles se résignent la plupart des couples : lit commun, lavabo commun, chasse d'eau commune... tout ce qui génère un morne attachement et non de la passion. La règle de notre vie à deux serait de n'en pas avoir et nous n'aurions pour loi que nos inclinations immédiates et naturelles. Au diable les sots conformismes qui étouffent le cœur, et l'âme ensuite ! L'amour est une chose trop sérieuse pour la laisser à la grande personne qui s'est insinuée en nous. Deux chambres séparées nous laisseraient le loisir de nous inviter tour à tour. Chaque soir, il nous faudrait reconquérir le droit de toucher la peau de l'autre.

Je me sentais suffisamment intime avec moi pour l'être véritablement avec une femme. Je ne craignais plus de dire ce que je sentais, au lieu de faire supporter à l'autre le poids de mes inquiétudes muettes.

Au rez-de-chaussée, je peignis le salon en blanc. Je souhaitais projeter sur les murs des diapositives que nous changerions fréquemment ; notre univers serait ainsi le reflet de nos évolutions intérieures. J'avais retrouvé dans mon île le secret du mouvement intérieur perpétuel et étais résolu à ne pas retomber dans les scléroses de l'adultie.

De temps à autre, alors que je m'affairais, j'étais assailli de doutes affreux qui me jetaient dans un abattement complet. Et si Manon ne venait pas ? Mais à chaque fois je parvenais à recouvrer ma foi et songeais que ma certitude irraisonnée d'enfant était la clef de son retour. Le 30 novembre au plus tard, Manon **DEVAIT** franchir le seuil de cette maison. Je le **VOULAIS** et m'en réjouissais à l'avance.

Ivre de ma victoire prochaine, je me jetai tout entier dans la bataille.

En équilibre précaire sur des talons aiguilles, les fesses moulées dans une jupette de cuir rouge ourlée de dentelles et les lèvres peintes en mauve, je remontai Prince Arthur Ouest. Une perruque rousse flamboyante achevait de dessiner ma silhouette de travesti. J'asphyxiais dans un soutien-gorge trop étroit qui sanglait ma cage thoracique ; les poils de mes gambettes transperçaient mes bas de soie.

Jamais Alexandre Eiffel n'aurait osé chalouper ainsi de la croupe en pleine rue, dans un tel accoutrement ! Il poussait rarement l'audace vestimentaire au-delà du choix d'une cravate inattendue ; et encore, seulement lorsqu'il devait se rendre à un bal costumé...

Je jubilais en m'approchant de l'église de Manon et Bertrand. Mon traquenard avait toutes les chances de réussir. Fébrile, je me postai devant la porte de leur domicile et patientai. Ils rentraient tous les jours ensemble chez eux, vers dix-neuf heures.

Je les aperçois, à l'angle de la rue. Ils paraissent irrités l'un par l'autre ; de loin, je devine qu'ils se giflent avec des mots. Ravi, j'oblique dans leur direction en imprimant à toute ma carcasse un tressaillement de grande folle en colère. Mes narines palpitent. Je me regarde fugitivement dans le reflet d'une vitrine ; je suis méconnaissable. J'ai l'air d'une authentique jument brésilienne ! Le jarret cambré, la taille sautillante, le port de tête mi-gracieux mi-vulgaire, je m'élance vers ma proie et PAF !

Stupéfait, Bertrand s'arrête net. Je viens de lui assener un grand coup de sac à main dans la figure. Je me racle la gorge et lance d'une voix éraillée, haut perchée :

— Alors, ma salope ! Tu ne me reconnais plus, Bertrand ?

— Pardon ? fait-il, éberlué.

— Tu ne te souviens plus de moi ? Mais je vais te rafraîchir la mémoire, mon petit Bertrand ! !

— Mais enfin... murmure Manon interloquée.

— Monsieur a quitté Nice pour venir se planquer à Montréal. Mais je t'ai retrouvé, ma louloute !

— Ecoutez, arrêtez s'il vous plaît, reprend-il. Je ne vous connais pas.

Il tente de s'éloigner en entraînant Manon qui, déjà, pose sur lui des regards soupçonneux. Satisfait, je rattrape brutalement Bertrand par la manche.

— Tu as oublié la grande Lola ? Salaud !

— Foutez-nous la paix ! s'écrie-t-il en se dégageant.

— Allez, va la tringler ta femelle. Elle ne te sucera jamais comme moi !

Le visage décomposé, Manon se réfugie dans le hall de leur église. Bertrand couvre leur retraite ; paniqué, il referme prestement la grande porte derrière eux.

Ivre de joie, je clame ma victoire en me déhanchant, telle une danseuse de flamenco :

— Yepi ! Houa ! Yeh !

Je viens d'introduire dans l'esprit de Manon un doute sur l'hétérosexualité de Bertrand ; le poison est inoculé...

Alors, soudain, des applaudissements claquent derrière moi. Un petit homme d'aspect malingre jette son cigare par la fenêtre ouverte de sa Cadillac violette dont la proue arbore une paire de cornes de vache ; puis il ouvre sa portière. Un étrange dispositif se met en branle, grince, couac, poc, crîîîc, sprrr, doum, et dépose sa chaise roulante — avec lui dedans — sur le trottoir. Effaré par ce spectacle, je le vois se précipiter dans ma direction en manipulant avec dextérité un petit manche à balai ; son siège est motorisé et couvert de paillettes. Un sourire en biais tord ses lèvres. Il porte sur le visage cet air patelin que présentent les canailles qui vous veulent soi-disant du bien. Ses yeux vicelards pétillent. Il me tend une main molle.

    — *Ange Malo, producteur* ! me lance-t-il avec un accent québécois marqué.

    — Bonjour.

Sa main est également moite ; j'essore mes doigts sur ma jupe.

    — *T'aurais pas envie de faire 200 piastres par soir* ?
    — Des piastres ? !
    — *Des dollars.*
    — En faisant quoi ?

Le paraplégique mécanisé possède un cabaret, **LE VER-SAILLES**, sur Sainte-Catherine Est. Chaque soir, des travestis affriolants y lèvent la cuisse dans un spectacle burlesque qui repousse les frontières du déjà-vu. Le nom de cette parade étourdissante est éloquent : **SANS LIMITES** ! Tout Montréal fait un triomphe depuis trois mois à cette cohorte d'homos risque-tout qui exécutent des danses du scalp, imitent des reptiles en train de copuler, un vol de canards sauvages puis des spaghettis dans une assiette, chantent (faux) et télescopent des numéros ahurissants de cirque ; mais Ange Malo est...

    — ... *dans la marde* ! *Oui, tabarnak, dans la marde* ! répète-t-il.

Le rideau doit se lever ce soir ; et le maudit sida vient de lui voler sa plus belle danseuse, Julia (ex-Julien). Il claque des dents le petit Ange depuis que le virus tient sa troupe en otage. Bref, il m'offre la place de Julia.

— Tu sais un peu chanter, danser ?

— A trois cents dollars c'est bon, m'entends-je lui répondre.

L'imprévisible
me tente. J'ai envie de
JOUER, de lever la jambe en
rythme, de beugler ! Monsieur
Eiffel se trémoussant sur une
scène de Montréal, attifé en
travelo... J'ai bien changé. Que
vivre soit une fête ! Je me sens
en humeur de siroter chaque
seconde, de suivre le destin
qui passe et d'entrer
dans la danse.

Un après-midi de répétition plus tard, je revêts ma tenue de scène : des cuissardes violettes, une guêpière violette, de longs gants violets... Ma physionomie fardée est celle d'un assez joli brin de fille ; pour un peu, je me troublerais...

Ange Malo vient me chercher dans ma loge.

— *C'est à toi, Lola.*

Une angoisse froide me saisit, brutalement. Toute cette mascarade n'était jusqu'à présent qu'un jeu. Dans quelques instants, je me trouverai **RÉELLEMENT** sur une scène, je vais me risquer dans un rôle qui, soudain, m'effraie. Des moustachus vont reluquer mon postérieur, me désirer. J'ai été trop loin.

— Je ne peux pas.

Pour toute réplique, Ange m'envoie une paire de gifles ; puis il ajoute :

— *Viens, ou j'te crisse une autre claque sur la gueule.*

Sa petite main molle se referme vigoureusement sur mon avant-bras. Il met en route son fauteuil roulant électrique et me conduit dans les coulisses, sans parler.

On me pousse devant des centaines de paires d'yeux.

Je suis en scène, vêtu comme une putain magnifique. Les projecteurs m'éblouissent, augmentent la perception que j'ai de mon corps. J'ouvre la bouche ; ma voix se libère. Je chante — juste — et commence mon strip-tease comique. Les spectateurs gloussent. Est-ce bien moi qui m'offre à la concupiscence du public ? Oui, c'est moi, Alexandre. Je suis libre, totalement libre d'aller jusqu'aux antipodes de mon tempérament. Ma pudeur se dénoue. Je jette mes gants à la foule,

221

balance mon cul. Ma voix est belle, chaude. Dans l'incohérence, je vis. Après cette virée de l'autre côté de moi, j'oserai tout. Plus aucune peur ne m'asservira. Je jouis d'être enfin totalement maître de mon sort, de ne plus me subir. Un à un mes vêtements me quittent.

Intégralement nu face à la salle, je me replie dans un mouvement d'oiseau qui se rassemble. Les applaudissements me caressent. Je me sens digne du Petit Sauvage.

En sortant de scène, je tombe sur Ange ; bouleversé, il me serre les deux mains.

— *Câlice ! La grande Lola ! T'as fait un triomphe. Mais qu'est-ce qui t'a pris d'aller jusqu'au bout ? C'était pas prévu d'enlever ta petite culotte.*

— Je suis **LIBRE**.

La grande Lola ne reparut jamais sur une scène montréalaise. Si Ange Malo lit un jour ces lignes, qu'il me pardonne d'avoir disparu brusquement. Ma destinée n'était pas de régner sur les nuits ambiguës du **VERSAILLES**.

J'étais né pour Manon !

Manon sort de chez elle. Comme tous les matins, à neuf heures précises, un taxi la conduit à l'Université de Montréal où elle professe. Mais ce matin-là, elle vient d'avoir trente-trois ans et c'est moi qui suis au volant du taxi... j'ai graissé la patte du véritable chauffeur. Ma figure est dissimulée par une fausse barbe ; le reste de ma tête disparaît sous une casquette usée. Manon s'approche de *mon* taxi, ouvre la portière. Au même instant, trois jeunes filles érubescentes l'abordent.

— *Es-tu Manon de Tonnerre ?*

— Oui.

— *Criss, me donnerais-tu un autographe ?*

Etonnée, Manon les dévisage en souriant.

— Vous me prenez pour qui ?

— *Ben... pour Manon de Tonnerre.*

— *On a vu tous tes films !*

Déjà une main tend un calepin et un crayon à Manon.

— *Je m'appelle Lise Tremblay.*

— *Moi Josée Martel.*

— Ecoutez, je suis désolée, mais je ne crois pas être celle que vous croyez. Je suis pressée...

Manon se réfugie dans le taxi et claque la portière.

— A l'Université de Montréal, s'il vous plaît.

Elle ignore que j'ai stipendié ces filles afin qu'elles jouent cette comédie que je poursuis, avec un fort accent québécois :

— *Ostie de tabarnak, j'suis don'fier de vous prendre dans mon taxi, Madame Tonnerre ! C'est pas tous les jours qu'on conduit une vedette.*

Mon accent déforme ma voix.

— Pardon ?

— *Oui, une vedette. Je n'ai pas vu encore ton film. Mais on en parle partout !*

— Mon film ?

— *Ben oui !* **RENDEZ-VOUS LE 30,** dis-je en lui indiquant un panneau publicitaire.

Manon se penche et voit une affiche de film sur laquelle son nom se détache en grosses lettres ! Dans le rétroviseur, j'aperçois son visage paralysé de stupéfaction. Les globes de ses yeux se dilatent presque. Sur le trajet qui va de Prince Arthur Ouest à l'Université de Montréal, j'ai loué trois emplacements publicitaires qui annoncent la sortie d'une comédie dans laquelle Manon est censée tenir le premier rôle.

On s'étonnera peut-être de ce que j'aie pu recourir à un tel stratagème ; mais j'étais disposé à réenchanter le réel, comme font les enfants lorsqu'ils s'amusent. Je voulais retrouver le chemin du jeu. Et puis j'étais **FOU AMOUREUX** ! Aucune dépense de temps et d'argent ne me paraissait superflue pour reconquérir Manon.

Je me sentais sans limites.

Pour assurer la vraisemblance de ma mise en scène, j'avais enregistré sur une cassette une fausse émission soi-disant diffusée par Radio-Canada ; un journaliste commentait avec enthousiasme *le dernier film de Manon de Tonnerre,* s'extasiait sur les mérites et la grâce de la comédienne, *véritable révélation de l'année !*

Muette, immobile sur la banquette, Manon écoute ce qu'elle croit être une véritable émission radiophonique. Elle est sonnée, sans réaction, en oublie de cligner des paupières. Montréal l'a sacrée superstar. L'espace de quelques minutes, elle vit son rêve de petite fille qui, en fermant les yeux, s'imaginait vénérée par des foules.

J'arrête le taxi devant l'Université. Manon règle sa course, me laisse un pourboire de star (!) et sort, d'un pas ailé. Du coin de l'œil, elle surveille les étudiants. Vont-ils la reconnaître, eux aussi ?

Je baisse la vitre de la voiture.

— Manon !

Elle se retourne.

J'arrache ma barbe.

Elle ouvre grand la bouche ; ses yeux disent tout son effarement.

— C'était bien ton rêve de petite fille, non ? Bon anniversaire !

Je démarre et disparais, comme dans un songe.

*On nous prie d'annoncer
le mariage de
Mlle Manon
de TONNERRE
maîtresse émérite
avec
M. Alexandre
EIFFEL
amant tout juste convenable
dans 15 jours.*

Telle était l'annonce que je fis paraître dans *LA PRESSE*, *le plus grand quotidien français d'Amérique*. Les Québécois ayant perdu l'habitude de publier leur faire-part de mariage dans les journaux, j'étais certain que cette annonce serait remarquée ; il se trouverait bien une bonne âme pour la signaler à Manon ou à Bertrand...

Un soir que je repeignais la cuisine, on frappa à la porte. J'ouvre.

Manon est là.

Je lui souris.

Sa physionomie reste figée, empreinte d'une détermination froide.

— Bonjour, dis-je dérouté.

— Je ne fais que passer, me répond-elle en pénétrant dans notre demeure d'un pas hésitant.

Ses yeux furètent à droite à gauche ; elle prend soin d'éviter mon regard. Manon découvre avec stupeur que mes paroles n'étaient pas des mots en l'air. Je suis bien en train d'achever la décoration de notre future maison de famille.

— Ça sent la peinture fraîche, dit-elle crispée.

— Tu veux voir la chambre d'enfants ? J'ai trouvé un lit en forme d'hippopotame et une table à langer gigantesque.

— Tu as aussi choisi les robes qui iront dans mon placard ? Oh ! Je suis une personne, pas une poupée qu'on met dans une maison, ni une fausse actrice à qui on assigne un rôle dans un film bidon. Alors écoute-moi bien...

Manon me raconta que le petit flacon de parfum que j'avais envoyé par la poste s'était brisé pendant le transport ; Bertrand avait trouvé dans leur boîte aux lettres une enveloppe imbibée de senteurs... Je pouvais concevoir sa réaction. Elle me priait de quitter le Québec sans délai, si j'éprouvais pour elle une affection sincère. Son quotidien conjugal tournait à l'aigre depuis que j'avais surgi à Montréal ; l'attente du 30 maintenait son couple dans une anxiété qui, peu à peu, dégénérait en conflit chronique. Bertrand n'était que soupçons, en proie à une jalousie tatillonne. Manon ne supportait plus mon désir, m'avoua-t-elle soudain ; il déréglait son existence, sapait ses certitudes, abîmait son amour pour Bertrand sans pour autant ranimer la passion qu'elle avait eue pour moi.

— Je te parle avec honnêteté, conclut-elle, parce que nous nous sommes toujours parlé de cette façon. Ne fous pas en l'air notre complicité, s'il te plaît.

Le trouble avec lequel elle s'était exprimée trahissait les dispositions véritables de son cœur. Qu'elle fût venue jusqu'à moi pour me confier son désarroi me confortait dans l'idée que j'avais eu raison d'avoir confiance en mon **DÉSIR** ; la réalité commençait à se conformer à mes souhaits. Manon était en train de me supplier de ne pas la mettre en position de céder ! Je voulais croire que si elle n'en avait pas eu une secrète envie, elle ne se serait pas ouverte ainsi.

— Manon, repris-je, je t'ai simplement offert un parfum que j'ai composé pour toi. J'ai fait un choix, je m'y tiendrai. Réfléchis, jusqu'au 30.

Abattue, Manon demeura muette, jeta un coup d'œil pensif sur notre maison et sortit désemparée, sans rien ajouter. Aussitôt, je débouchai le flacon qui contenait le parfum de son corps. Sa présence emplit la pièce où je me trouvais ; je me sentis alors moins seul.

A présent que notre demeure était prête, il me fallait entreprendre mon œuvre de parfumeur subversif.

Dans ma solitude, j'avais formé un dessein dont la portée m'exaltait et m'inquiétait. Je souhaitais retrouver le parfum que le Petit Sauvage avait créé à douze ans, cet accord mystérieux d'arômes qui avait le pouvoir de réveiller l'enfant assoupi en soi ; puis j'entendais commercialiser cette fragrance sous la marque Tonnerre, non pour m'enrichir mais afin

D'ÉBRANLER LE MONDE!

J'étais persuadé que cette senteur subversive ferait vaciller la société des grandes personnes. Diffuser un tel effluve nous entraînerait fatalement dans une ère **IMPRÉVISIBLE**, peuplée de citoyens animés de **DÉSIRS** fulgurants, assez sages pour goûter davantage **L'INSTANT** et capables d'**ÉMERVEILLEMENTS** vertigineux. Que deviendraient, après l'avoir respiré, les banquiers resserrés dans leurs maximes étroites, les escadrons de salariés qui subissent un petit chef sans trop se rebiffer, la cohorte des vendeurs qui pratiquent la reptation devant leurs clients, les artistes empaillés par le succès, les étudiants que l'on tente de normaliser, les lycéens sommés par leurs professeurs d'abdiquer leur singularité, les femmes insatisfaites, les vieux résignés, les hommes politiques et les prostituées ? Qui donc accepterait encore de se prêter aux abjects compromis de cette comédie inhumaine qu'on nomme la *vie adulte* ? J'étais plus que jamais résolu à réenchanter le réel !

L'époque me paraissait attendre ce parfum. Toutes les révolutions n'avaient-elles pas échoué ? Une sombre morosité recouvrait l'Occident. L'ordre adulte régnait partout, au nom de la raison. En Europe et en Amérique, chacun vivait hors de soi, étranger dans son existence et son propre corps, ivre de télévision pour oublier que notre sort ne nous ressemble pas, déformé par les effrayantes exigences de ce Dieu barbare qu'est le marché du travail. Ceux qui n'étaient pas encore, ou pas tout à fait déglingués ne pouvaient tolérer plus longtemps d'être expropriés de leur vie, et d'eux-mêmes.

En cette première année du xxie siècle, les temps n'étaient plus favorables à la domination de la pensée masculine traditionnelle. Si les idées bien ficelées dans leurs corsets de doctrines ne se renouvelaient guère, l'art d'exister cherchait à s'affirmer. Les hommes apprenaient peu à peu à dire ce qu'ils sentaient ; les femmes s'écoutaient enfin au lieu d'entonner les refrains des hommes. Là était la modernité, me semblait-il. La recherche d'une relation de bonne qualité avec soi-même, et donc avec autrui, paraissait devenir le véritable moteur de l'Histoire. Mon parfum ne pouvait naître en de meilleures circonstances.

Je me mis au travail, avec mes pipettes, mes mouillettes de buvard et un grand flacon mélangeur. Je fermai les yeux, respirai calmement et, en me laissant rêvasser, regagnai cette île méditerranéenne qui était en moi, ce paradis intérieur où je retrouvai sans difficulté une intimité avec le Petit Sauvage.

— S'il te plaît, lui dis-je doucement, donne-moi la formule de ce parfum.

— Laisse-moi te guider, me répondit sa voix qui résonnait dans mon esprit.

J'ouvris les yeux et vis ma main gauche qui s'emparait de fioles ; elle versa quelques larmes d'une substance aromatique dans le flacon mélangeur en cristal, ajouta un soupçon d'une essence et continua ce ballet pendant un quart d'heure ; le parfum se faisait à travers moi. Quand il fut achevé, je le sus.

Je humai la bouteille et restai interdit.

Le parfum du Petit Sauvage était devant moi, prisonnier de son flacon. Il lui fallait à présent un nom. J'hésitai un moment entre plusieurs solutions et, soudain, arrêtai mon choix. Aucun doute n'était possible ; j'avais trouvé LE nom qui s'imposait. Je collai une étiquette blanche sur le cristal et l'écrivis avec soin au feutre noir :

Ce point d'interrogation à l'envers exprimait exactement, par sa forme et par son sens, l'énigme de cette senteur ensorcelante ; car qui sait ce qu'est vraiment l'enfance ? Plus je progressais dans mon aventure plus ce mot m'apparaissait comme un mystère. Et je trouvais juste de mettre en garde par ce signe qui suscite une double interrogation les futurs acheteurs de mon parfum. Personne n'était en mesure de leur dire quel homme ou quelle femme ils deviendraient après l'avoir respiré.

Satisfait, je cachetai la bouteille et la rangeai. Avant de pouvoir mettre en vente ce précieux liquide, il me fallait épouser Manon.

J'ouvre la serrure de l'appartement de Manon, sans la brutaliser, à l'aide d'un fil de fer. Personne. Sans bruit, je me coule jusqu'à la salle de bains. La boucle d'oreille étrusque de Manon est là, pendue à une chaînette ; elle doit la porter à présent en pendentif. Nous avions égaré la seconde sur un chemin rocailleux, non loin de la Mandragore. Je suis résolu à la remplacer, en faisant copier celle qu'elle a conservée par un artisan que j'ai repéré dans l'arrière-boutique d'un joaillier, au fond de l'une de ces galeries marchandes qui constituent la partie souterraine de Montréal.

Je subtilise la boucle d'oreille solitaire et me carapate. Manon sera-t-elle sensible à cette attention ? Elle paraissait si attachée à ces bijoux de famille hérités de sa grand-mère qui, elle-même, les tenait d'une aïeule née sous Napoléon III...

En une journée de travail minutieux, à la lueur d'un néon, l'artisan — un vieux Peau-Rouge qui avait reconstitué dans son arrière-boutique une sorte de campement d'Indien des plaines — exécuta une copie parfaite, patinée dans les règles de l'art.

En fin d'après-midi, j'eus tout juste le temps de retourner en douce dans l'appartement de Manon et Bertrand. Sur la tablette de la salle de bains, je déposai la paire de boucles d'oreilles et ne laissai aucune trace de mon passage.

Quand Manon trouverait la paire, elle ne manquerait pas d'interroger Bertrand ; il paraîtrait aussi surpris qu'elle. Alors elle comprendrait...

Le 30 approchait.

Manon ne s'était toujours pas manifestée.

J'organisai notre lune de miel, ou plutôt décidai de la désorganiser. Je désirais qu'elle durât un an et que notre seule boussole fût notre curiosité. Nous irions d'un point à l'autre du globe, au gré de nos **ENVIES**, pour nous y marier à chaque fois selon le rite local, devant le Dieu indigène. Notre périple, dédié à notre amour, serait un authentique Voyage de Noces. Jonques, éléphants, montgolfières, tandems, pousse-pousse, chameaux, nous utiliserions tous les modes de transport que le hasard nous proposerait ; et pour commencer, je souhaitais me rendre le 30 novembre à Mirabel, l'aéroport de Montréal, afin d'embarquer au bras de Manon dans le premier avion prêt à décoller. Peu importait la destination, pourvu qu'elle me tînt la main.

365 jours de noces plus tard, le 3450 rue Hutchinson nous accueillerait. A force de rouler sa bosse à mes côtés, Manon s'en serait fait un gros ventre. Elle serait ronde de moi ! Alors nous pourrions jouer aux adultes et reprendre nos activités, dans ce Québec qui refuse la sinistrose de l'adultie.

Voilà comment je concevais une lune de miel digne de Manouche et du Petit Sauvage. La vente des CLÉS EIFFEL nous permettait cette longue fantaisie romantique. Ne pas profiter de cette aisance aurait été un péché.

J'avais proposé à Manon ce programme qui n'en était pas un dans une courte lettre envoyée à l'Université de Montréal.

De retour du bureau de poste, j'aperçois Bertrand assis sur la première marche de l'escalier extérieur de notre maison, rue Hutchinson. Sa mine défaite annonce un complet désarroi. Sa cigarette n'est plus qu'un filtre sur lequel il tire encore. Son regard est ailleurs.

Il lève les yeux sur moi, se lève.

— Fait froid, hein ? me lance-t-il.

Puis il ajoute :

— Je peux entrer un instant ?

J'ouvre la porte, pénètre dans la grande pièce du rez-de-chaussée. Il me suit et avoue tout à trac :

— Je ne sais plus aimer Manon...

Je m'assieds ; il reste debout et continue :

— Elle est là sans être là, elle me regarde sans me voir, quand elle m'embrasse je ne sais pas qui elle embrasse. Je n'arrive plus à la faire rire...

Bertrand se tait. Mon **SOUHAIT** de vivre avec Manon est en train d'anéantir leur couple ; j'en suis à la fois navré — détruire un amour ne réjouit guère — et **CONTENT**, bien entendu. Mes **DÉSIRS** ont retrouvé la toute-puissance de ceux du Petit Sauvage !

Blême, Bertrand toussote et dit :

— J'aimerais que vous veniez vivre avec nous. Manon a besoin de vous.

— Non... Les compromis, j'en ai ma claque. Je **VEUX** désormais que ma vie soit aussi belle que dans mes rêves de gosse. Je veux Manon pour moi tout seul. Je suis désolé.

Hagard, Bertrand jette un œil autour de lui et, tout à coup, attrape une chaise qu'il me brise sur la tête avec une brutalité inouïe. Je m'effondre. Mon crâne saigne un peu. Il me lance un regard de fou et sort.

Le lendemain, nous serons le 30 novembre.

Je m'éveillai aux aurores, plein d'une exaltation semblable à celle que le Petit Sauvage ressentait le premier matin des grandes vacances. Ma foi avait atteint son zénith. Je **SAVAIS** que Manon foulerait le plancher de notre maison avant qu'il ne fût minuit.

Mon impatience était telle qu'à onze heures du matin mes valises étaient déjà bouclées. J'étais prêt à convoler en d'interminables noces, à Bali, Oslo, Vladivostok ou Buenos Aires. Une longue odyssée nuptiale nous attendait.

Fébrile, je dressai un joli couvert pour deux dans la cuisine et mitonnai un succulent repas de fête ; puis, ainsi que je l'avais prévu, je projetai sur les murs du salon des diapositives de vues sous-marines. L'effet était saisissant ; j'avais l'impression de respirer au fond de l'une des criques où le Petit Sauvage s'émerveillait devant le spectacle des jambes nues de Madame de Tonnerre.

Manon ne vint pas déjeuner. Déçu, j'ouvris le flacon qui renfermait son odeur et boulottai deux homards les yeux mi-clos. J'avais ainsi l'illusion qu'elle était assise en face de moi.

Vers dix-huit heures, je me trouvais toujours seul. Ne tenant plus en place, je me rendis au 315 Prince Arthur Ouest. Il faisait déjà nuit ; les fenêtres de Manon n'étaient pas éclairées. Je me livrai à mille suppositions, aux conjectures les plus folles. Manon m'avait-elle ménagé une surprise ? Bertrand l'avait-il étranglée avant de se donner la mort ? Un pressentiment lourd m'envahit.

Je pousse la porte de l'église, appuie sur le bouton de l'interphone. Personne ne répond. Saisi par une horrible anxiété, je franchis la porte vitrée à l'aide d'un vieux clou, force la serrure de leur appartement, pénètre dedans. Il semble inhabité. Les penderies sont vides ; dans la cuisine, le réfrigérateur est débranché. Je décroche le téléphone. Il n'y a plus de tonalité.

Alors, soudain, je comprends.

Un **BONHEUR** vif s'allume en moi, éteint sur-le-champ mes inquiétudes et me jette dans une jubilation presque douloureuse. Je me sens au cœur toutes les joies du monde. Mon entêtement insensé a brisé les résistances de Manon, a eu raison de son attachement à Bertrand ! Leur couple s'est défait ; ils n'ont plus de toit commun. Manon doit s'apprêter à me rejoindre ; peut-être est-elle déjà dans notre maison.

Sans délai, je cavale à en perdre haleine jusqu'à chez nous, renverse sur Prince Arthur Ouest une octogénaire en baskets, bouscule une paire de Chinois, traverse les rues sans prendre garde aux berlines ; puis je coupe à travers un parking aménagé sur un terrain vague.

J'arrive rue Hutchinson. Notre demeure est sombre. En partant, j'avais laissé les lampes allumées et la porte ouverte. Manon doit m'attendre à l'intérieur.

J'entre ; le plafonnier ne marche pas.

— Manon... Manon ?

Un silence complet règne dans le salon où il fait nuit.

J'appelle à nouveau ; je suis seul.

Tout à coup, je m'aperçois que toutes les lumières des maisons de notre rue sont éteintes. J'ouvre une fenêtre et entends la voix d'un voisin mieux informé que moi. Une panne de secteur paralyse le quartier, dit-il ; l'électricité ne sera rétablie que tard dans la nuit.

Je ne possède ni allumettes ni briquet. A tâtons, je me rends dans ma chambre et m'étends sur mon lit. Avant minuit, Manon s'allongera à mes côtés. Je le **SAIS** désormais. Le bruit de mon réveil résonne.

TIC
TAC
TIC
TAC
TIC
TAC
TIC
TAC
TIC
TAC
TIC .

Minuit moins le quart.

TAC
TIC
TAC
TIC
TAC
TIC
TAC

Minuit.

TIC
TAC
TIC
TAC
TIC
TAC
TIC
TAC
TIC

Minuit et demi.

TAC
TIC
TAC
TIC
TAC
TIC
TAC
TIC
Une heure du matin.
TAC

Manon n'est toujours pas là.

Je me lève en m'interdisant de m'alarmer, descends prudemment au rez-de-chaussée ; je suis comme aveugle. Où est la porte de la cuisine ? Ah, la voilà... Oui, c'est bien celle-ci ; je l'ouvre.

Manon est là, devant moi !

Je la respire, la devine dans l'obscurité. Sa silhouette se dessine devant moi. Je suis **heureux, heureux, heureux,**

heureux, heureux.

Soudain le courant revient ; la lumière s'allume.

Je suis **seul** devant la petite bouteille qui contient le parfum de Manon ; j'avais oublié de la refermer.

Tout s'éclaire, tout s'assombrit en moi.

Bertrand a emmené Manon loin de mon regard. Je ne peux plus éviter la vérité. Elle a donc consenti à le suivre. L'intensité de mon désir de gosse n'a pas suffi à façonner l'horrible réalité. J'ai mal. Accepter ? Jamais. Je ne suis plus Monsieur Eiffel, ce familier des concessions ; dans mon corps circule le sang pur du Petit Sauvage. Se résigner est un verbe dont j'ai oublié le sens. Mon cœur d'enfant se rétracte. La douleur est trop vive pour la supporter ; je m'en éloigne et me quitte pour ne plus sentir. Je m'anesthésie, m'efforce de n'avoir plus de contact avec mes émotions et, tout à coup, me regarde dans un miroir.

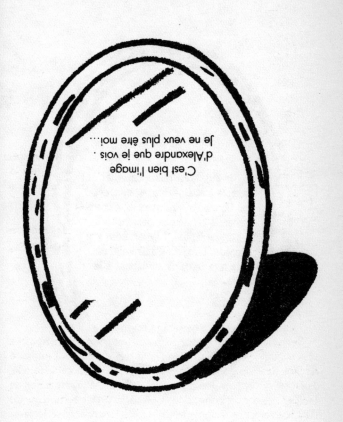

C'est bien l'image
d'Alexandre que je vois
Je ne veux plus être moi...

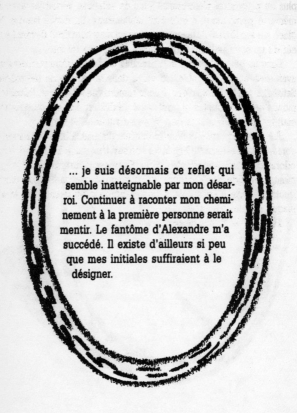

... je suis désormais ce reflet qui semble inatteignable par mon désarroi. Continuer à raconter mon cheminement à la première personne serait mentir. Le fantôme d'Alexandre m'a succédé. Il existe d'ailleurs si peu que mes initiales suffiraient à le désigner.

A.E. sortit de la cuisine et referma la porte derrière lui. Il ne vivait déjà plus au présent et n'entretenait plus de relations véritables avec lui-même. A peine savait-il qu'il était malheureux. Un mince sourire était glacé sur ses lèvres. Il traversa le salon en marchant droit devant lui ; on eût dit un somnambule. Cette ombre n'était que raideur.

Dans un geste d'automate, A.E. prit la fiole du parfum subversif qu'il avait créé et, sans trembler, la versa dans la cuvette de ses toilettes. Satisfait, il tira la chasse d'eau. Aucun remords ne le traversa. Réveiller le monde ne le tentait plus ; il avait cessé de désirer. Son engourdissement était tel que les senteurs de ♀ n'eurent aucun effet sur lui.

A.E. se rendit ensuite dans la cuisine. Il s'attabla, saisit le flacon qui contenait la présence de Manon et s'en servit un verre à ras bord. L'huile odorante était mélangée à de l'alcool. Ses yeux sombres fixèrent longue-ment le liquide doré, comme s'il distinguait quelque chose dans la bouteille ; puis il se saoula à petites gorgées au parfum de Manon, jusqu'à en être ivre d'elle.

IVRE MORT, il s'effondra.

A.E. rentra à Paris. Il loua un meublé modeste dans le XX° arrondissement. De sa fenêtre, il apercevait le cimetière du Père-Lachaise. Contempler les tombes l'apaisait. Le matin, il déambulait dans les allées, entre les stèles et les caveaux, jetait des miettes de pain aux pigeons. Des esseulés lui causaient un peu. Un vieux jardinier le saluait parfois. A déjeuner, il se forçait à ouvrir une boîte de conserve. La faim l'avait quitté. L'après-midi, il dormait d'un sommeil épais, fatigant, jusqu'à seize heures. En hiver, la nuit vient vite; sa seconde promenade était brève.

Sa montre tomba en panne; il ne jugea pas nécessaire de la faire réparer.

A.E. ignorait sa tristesse. Un perpétuel sourire était fixé sur son visage. Il respirait sans écouter les mouvements de son cœur, avait oublié l'art de prier et n'aspirait qu'au repos. Dès qu'une réminiscence affleurait dans sa mémoire, il la chassait. Aucune nostalgie ne l'encombrait.

Un jour — mais quand était-ce? — il perdit connaissance dans la rue et recouvra ses esprits dans une salle d'hôpital. Un homme en blouse blanche lui montra des radiographies, commenta les résultats d'examens qu'on lui avait fait subir pendant son coma ; puis l'homme lui dit sans détour que sa tête était truffée de tumeurs grosses comme des cerises. A.E. eut le sentiment qu'on lui parlait du cerveau d'un autre. Des mots désagréables furent prononcés : opération lourde, rayons, chimiothérapie, sans doute trop tard... essayer, cancer.

Sans qu'il eût à prendre de décision, A.E. fut déshabillé, vêtu d'un pyjama blanc et alité. Une infirmière lui apporta un repas frugal. Une télévision noir et blanc fut ensuite allumée devant ses yeux, pour le distraire un peu plus de son sort...

Son médecin lui prescrivit des séances de rayons qui débutèrent aussitôt. Une semaine plus tard, son visage n'était que brûlures ; ses chairs semblaient se consumer sur lui.

Alors se produisit un événement à peine perceptible qui parvint à le toucher.

Son compagnon de chambre ayant été transféré à la morgue, on lui en avait attribué un autre, plus frais, un Méridional chétif qui déposa un eucalyptus en pot sur la table de nuit qui leur était commune.

Le parfum de la plante se dégagea peu à peu et imprégna si bien l'air de la pièce qu'A.E. ne put éviter de le respirer. Cet effluve faisait écho dans sa mémoire olfactive à l'atmosphère de l'île du Pommier, chargée d'odeurs d'eucalyptus. Malgré lui, il fut lentement transporté dans son île et retrouva, l'espace de quelques instants, le sentiment d'intimité avec soi qu'il avait connu là-bas, cette complétude qui ressemble au bonheur. Ses yeux se mouillèrent.

Une envie émergea au fond de lui. Il désirait quitter sans délai le gris de l'hôpital, les blouses blanches, les goutte-à-goutte et les relents médicamenteux. Revoir son île parfumée et colorée devint son unique obsession. Il eut le sentiment que le Petit Sauvage l'appelait, qu'il lui tendait sa petite main.

A.E. se leva, ouvrit son placard et commença à s'habiller.

— Où allez-vous? demanda le Méridional.

— A Orly, l'aéroport, je pars.

— Faire quoi?

— Mourir! répondit-il avec gaieté.

Un sourire authentique illumina sa physionomie. Il jeta ses affaires personnelles dans un sac en plastique et sortit dans le couloir. Une infirmière tenta de l'arrêter; il la bouscula, s'excusa, l'embrassa parce qu'elle était belle et, soudain, s'arrêta devant un miroir.

Il ne voulait plus être ce reflet; *j'entendais être Alexandre, et vivre ma mort!*

Dans l'avion, j'écrivis une lettre :

Manon,

viens me retrouver, vite. Plus tard sera trop tard. Un cancer me bouffe le cerveau.

Je t'attends dans l'île du Sommier, située à une quinzaine de milles au large de la Pandragore. Là-bas, aucun médecin ne me volera ma mort. Loin des grandes personnes, nous jouerons notre amour, comme si chaque instant devait être le dernier.

Je ne peux plus t'offrir un avenir, seulement un présent.

Je te désire.

Alexandre.

J'adressai cet appel aux bons soins de Fanny de Tonnerre et postai l'enveloppe à l'aéroport de Nice ; puis, sur le port, je louai un petit voilier ponté, achetai des provisions de bouche pour tenir longtemps, quelques outils et chargeai la cale.

Quand tout fut prêt, je me tournai vers la ville, fis mes adieux au monde adulte et appareillai avec sérénité.

Mon île m'attendait.

Bien avant d'atteindre l'île, je m'y trouvais en respirant l'air du large. Les vents faisaient voyager jusqu'à moi ses senteurs d'eucalyptus, le parfum de ses tamaris, ses odeurs de citronnier, les effluves de ses mimosas en fleur. Je flairais l'été qui s'y était déjà installé.

Je l'aperçois au loin ; un frisson me traverse. Il me semble que je revois mon pays natal. Pourquoi ai-je tenté de ramener le Petit Sauvage parmi les grandes personnes ? Que ne suis-je resté toujours dans ce petit univers protégé par la mer... De la confrontation avec la réalité, je n'ai rapporté qu'un cancer qui dévore mon cerveau. Une douleur aiguë m'étreint tout à coup le crâne ; mais ma joie est telle que je trouve la force de rester debout.

Le voilier s'échoue lentement sur la plage de la côte est. Je saute du pont et foule pieds nus le sable fin. Le soleil de mai est à l'aplomb, au-dessus de ma tête. Je baigne dans une félicité légère, enivré de senteurs méditerranéennes, étourdi de me retrouver. Je ne connais pas la solitude dans cette île ; je suis en ma compagnie. Mon sang se réchauffe. La vie circule à nouveau dans mon corps malade ; cependant je sens que mon retour est trop tardif pour espérer un rétablissement. L'affaissement de mes facultés sera peut-être moins brutal mais la mort poursuit son travail de sape dans mes cellules.

Je sors mes vivres de la cale du bateau et, en quelques heures, construis un abri de fortune constitué de branchages ainsi qu'une petite table ; puis, sans perdre une seconde — la mort me talonne — je dispose une rame de papier devant moi et prends mon stylo.

Avant de partir, je veux écrire mon odyssée intime. J'ai formé le dessein de rédiger un ouvrage qui, dans sa forme même, refléterait ma singularité retrouvée, un texte dont la composition évoluerait pour mieux restituer les métamorphoses intérieures que j'ai recherchées ou subies. Débutant comme un roman pour adultes, il prendrait ensuite les apparences d'un livre pour enfants en couleurs. Si ces pages pouvaient être publiées un jour sous une couverture sérieuse et inciter ne serait-ce qu'un seul lecteur à réveiller l'enfant qui dort en lui, alors je serais comblé.

Seule ma main gauche était capable de composer ce récit avec une sincérité totale ; je lui confiai donc mon stylo et laissai ma plume courir sur les pages en m'interdisant de la guider. Durant trois jours et trois nuits, le livre s'écrivit sans que ma conscience intervînt. Je ne dormis que quelques heures.

Quand je fus arrivé à la ligne que vous êtes en train de lire, Manon ne m'avait toujours pas rejoint dans ma retraite ; mais j'étais alors dans un bonheur presque complet. Ce que mon parfum subversif n'accomplirait pas, mon ouvrage le réaliserait peut-être. J'étais satisfait d'avoir choisi l'écrit pour me survivre. Les parfums se dissipent, les livres restent.

Une douleur irradiante m'envahissait la tête ; par instants, j'avais envie de scier ma boîte crânienne pour m'en libérer. Mais je préférais souffrir dans mon île plutôt que de m'éteindre doucement sur un lit d'hôpital, ivre de drogues, dépossédé de moi-même.

Le pire et le meilleur étaient encore à venir.

cœur la déchiffra avant mon nez. Manon avait débarqué dans l'île. Le parfum de sa peau nageait dans l'air. J'avais donc eu raison de croire au pouvoir de mes **DÉSIRS**... Tout mon être vibrait. Mais où était Manon ?

J'entends sa voix qui m'appelle. Son timbre cassé résonne dans l'île et dans ma pauvre tête. Je devine sa présence, me tourne vers elle, lui souris. Elle s'approche. Ma joie est telle que j'ai l'impression de la revoir ; son odeur légère me permet de reconstituer mentalement son apparence.

— J'ai perdu mes yeux... une tumeur.
— Je suis là, je suis là...

Ses mains effleurent mon visage. Sa silhouette se dessine plus nettement sous mes caresses enveloppantes. Elle m'embrasse ; je l'étreins, frôle l'annulaire de sa main gauche. Elle ne porte plus d'alliance. Tous mes maux de crâne se dissipent.

Puis elle dit :

— Je te cherchais depuis trois mois... à Montréal, à Paris.

Les doigts de Manon se mêlent aux miens. Elle me conduit à l'ombre d'un pin maritime. Une fraîcheur descend sur nous. Elle se dévêt, me déshabille et m'allonge sur le sol tiède. Son corps nu se plaque contre ce qui reste du mien. Ma maigreur est extrême. Elle réchauffe mes membres osseux, tordus et boursouflés par endroits. Manon ne semble pas effrayée par les métastases grosses comme des œufs disséminées sur mon organisme. Elle veut être encore ma maîtresse, attise ce qui subsiste de ma virilité. Ses longues jambes s'écartent, se referment sur mes reins. Le mouvement de son bassin m'emporte peu à peu vers le plaisir. Toute mon énergie m'abandonne ensuite, brutalement. Je m'affaisse, perds conscience.

Notre courte vie commune débuta ainsi ; puis s'écoulèrent des journées et des nuits d'amour parfait. Chaque instant de tendresse étant susceptible d'être le dernier, nous goûtions toutes les secondes partagées. Il n'était plus temps de nous retourner sur le passé. Seul le présent nous occupait ; et il n'y avait de place entre nous que pour l'émerveillement d'être encore ensemble.

Plus de trois semaines après son arrivée, Manon m'apprit que je ne mourrais pas vraiment :

— Je suis enceinte.

Cette nouvelle me plonge dans un bonheur douloureux, achève de faire de moi un homme. Nous aurons donc un enfant qui, un jour, ira rouvrir les volets de la Mandragore et jouer dans le jardin des Eiffel. Un rire frais de gosse retentira à nouveau dans le salon du rez-de-chaussée. Ma fille ou mon fils usera à son tour ses fonds de culotte sur la rampe du grand escalier. Je l'entends déjà s'amuser sous les fenêtres de cette maison qui est une part de moi-même.

Si cet enfant pouvait ne jamais devenir une grande personne et réussir, plus tard, à se glisser dans la peau d'un authentique adulte. Mon chéri, ma chérie, je t'en supplie, respecte ta singularité, sois intime avec toi, cultive tes **DÉSIRS**, non tes caprices, évite de conjuguer les verbes au futur ou au passé, n'écoute pas les aigris qui te conseilleront des compromis, reste digne de celui que tu seras à cinq ans, rebelle au diktat de la raison, folâtre peut-être, rieur sans doute, mène une vie qui te ressemble et, surtout, n'oublie pas que la réalité ça n'existe pas ; seule ta **VISION** compte. Mon petit, bonne route. Que le monde ne te blesse pas trop. Ton père a confiance en toi.

(Je laisse la plume à Manon ; mes doigts ne m'obéissent plus. Elle terminera le livre en mon nom.)

Peu après que Manon m'eut annoncé que j'étais papa, mon état s'aggrava. Mon cerveau malade éteignit mes sens un à un, enraya mes facultés physiques. La paralysie gagna tout mon corps et m'ôta l'usage de mes cordes vocales ; ma bouche était figée. Mon agonie se déroula sous le toit de mon abri de fortune.

Immobile dans ma nuit, je sens encore les mains de Manon qui frôlent ma peau. Sa voix étranglée me chuchote d'ultimes mots d'amour. Tout à coup je cesse d'entendre. Mon ouïe ne fonctionne plus. Je suis muré, uniquement relié à ma femme enceinte par l'odorat et le toucher. Je perçois ses caresses sur mon front ; puis mon toucher s'évanouit par degrés. Je suis seul avec le parfum de Manon. Je sais qu'elle est à mes côtés, je la respire.

Le froid de la mort commence à m'engourdir.

Alors, soudain, je comprends ce qu'est l'enfance.

CI-GÎT
LE PETIT
SAUVAGE
(1962-2001)

DU MÊME AUTEUR

Aux Éditions Gallimard

BILLE EN TÊTE (Prix du Premier Roman 1986) *(Folio, n° 1919)*
LE ZÈBRE (Prix Femina 1988) *(Folio, n° 2185)*
LE PETIT SAUVAGE

Aux Éditions Flammarion

FANFAN *(Folio, n° 2376)*

Composition Euronumérique
Impression Brodard et Taupin
à La Flèche (Sarthe),
le 31 octobre 1994.
Dépôt légal : octobre 1994.
Numéro d'imprimeur : 6176K-5.
ISBN 2-07-038958-8 / Imprimé en France.

69073